野球バカは死なず

江本孟紀

文春新書
1167

はじめに　古希に食らった逆転ホームラン

2017年7月。古希を迎え、そろそろ世間並みに〝遺書〟でも書いておいたほうがいいかなと漠然と思っていたところへ、「これはかなり悪い病気です」と、胃がんを宣告されました。

思わず一瞬、下手くそな打者に逆転ホームランを打たれた時と同じようなショックを受けてしまいました。

「好き勝手に生きてきた俺の人生も、いよいよ潮時かもしれんなあ……」70年間を思い起こせば、さまざまな出来事が走馬灯のように脳裏をよぎります。

そんな折もおり、回顧録を出してはどうかという話が持ちあがりました。過去70冊もの著作を上梓していますが、遺書にふさわしい人生の区切りを書き留める良い機会でもあり、本書を出させていただくことになった次第です。

あらためて私の野球人生を振り返ると、「ラッキー」という要素が大きな割合を占めていたことに気づかされます。いくつかの挫折はあったものの、子どもの頃からあこがれだったプロ野球選手となり、偉大な先輩方や愉快な面々とともに充実した現役生活を送ることができました。生来の直情径行で突発的に引退を決めてしまった後も、解説、ドラマや映画、そして政界において、得がたい経験を積むことができました。

もっとも、幸運と不運は紙一重。尾根を走っていて、一歩踏み外せば、谷底へ転落する――そんなぎりぎりの線で生きてきました。立ち止まったら転落してしまうという恐怖と不安を抱えながら、突っ走った人生でした。

そして、転落しそうになると、その都度、誰かが助けてくれました。周囲の方々、先輩や恩師、球界、芸能界、政界……。本当に、感謝に堪えません。素晴らしい方々にめぐり会えたことは、「ラッキー」以外の何物でもありません。

本書は、そうした多くの人々との交流の中で、得たもの失ったもの含め、赤裸々に書いております。

そして〝毒舌エモト〟健在の本でもあります。

「野球バカ」の人生最後の回顧録として、「ああ、こんなヤツもいたな」という程度に読んでいただければ幸いです。

目次

第１章　甲子園球場の涙

幼少時代から高校時代

長嶋茂雄さんにあこがれてキャッチボールを始めた頃のエモト少年

涙のセンバツ開会式

17歳の少年には、酷な現実だった。一生分の涙が出た。

俺はよく他人から「反骨」「あまのじゃく」と揶揄される。自分自身でもそう思う。そんな俺の性格形成に大きく影響し、またその後の野球人生に深くかかわってきたのが、この出来事だった。

高知商業高校で新3年生となる直前の、1965年春。俺たち野球部員は甲子園球場で高校野球のセンバツ大会の開会式を見学した。

なぜ見学だったのか。天国から地獄へ突き落とされるようなトンでもない事件があった。

高知商は前年の64年、秋季大会で四国を制し、センバツ出場を決めていた。秋の成績はトータルで、2敗したあと21連勝。四国では圧倒的な強さを誇っていた。

このとき俺はエースで4番。ナインはみな体が大きく、地元の社会人チームや大学生が普段のゲームの相手だった。秋の最後の練習試合では、近畿大学の1、2年生チームにも勝っていたほどだ。それほど強かったので、センバツでは優勝候補に挙げられていた。それどころか、春夏の甲子園連覇もあるのではと、期待されていたほどだ。

ところがセンバツを控えた3月上旬、野球部員が通学途中のバスで他校の生徒とケンカになった。相手が大ケガをしたことが発覚し、連帯責任を取らされ、日本高等学校野球連盟（高野連）から厳しい処分が下されたのだ。

事件を知ったのは、市内の喫茶店だった。俺たちは期末試験に備えて、いちおう勉強していた。そのとき、店のテレビのアナウンサーの声が何気なく聞こえてきた。

「あっ、どこかの学校がセンバツ出場停止になったらしいでェ」

「どこや、その学校？　アホやなあ」

しかしそのとき、テレビの字幕に「高知商業」と出た。

「まっ、まさかあ!!」「そんなのウソや！　ウソやろ！」

茫然自失となり、その後、処分に大きなショックを受けた。

〈センバツ出場取り消し、および1年間の対外試合一切禁止〉

その衝撃は、半世紀以上たった今でも鮮明に覚えている。

あまりに気の毒だと思った野球部の父兄や学校関係者が「せめて甲子園にだけは行かせてあげたら」と、センバツの開会式を見学することになった。ちょうど同じ期間に新3年生の修学旅行があり、その途中で甲子園の応援に入る予定だった。野球部員は甲子園に出るので不参加だったため、修学旅行代わりの意味合いもあったのだ。

だが、これは残酷だった。まだ17歳の精神的にピュアな選手たちにとって、まさかの光景が目の前に繰り広げられたからだ。一塁側ベンチ上方の観客席に座ると、代表校の入場行進が始まった。やがて、四国地区の代表校がグラウンドに入ってきた。

まず四国2位の高松商の入場行進。

「俺たちが決勝戦でケチョンケチョンにしたチームやな。こいつら弱かったのになあ」

ため息をついて見ていると、四国3位の徳島商が入ってきた。

「ここからも10点は取ったし、弱いチームだったなあ」

悔しさを押し殺しながら、なんとなく入場行進を見ていると、今治南が入ってきた。高知商に代わる代表校。四国地区4位、本来なら出場するはずのないチームだ。

ライト側の入場口から選手が出てきた瞬間、なんとも言えない悔しさがこみあげてきた。

その瞬間、一気に現実に引き戻された。

(本来ならあの場所に、自分たちがいるはずだった。夏にも、ここに来るつもりだった。それが今、高校生活の目標すべてが奪われてしまったのだ！)

頭の中をかけめぐる。目の前が真っ暗になる。部員全員が涙にくれた。声をあげて泣くヤツもいたし、俺自身もバケツ1杯分、いや一生分のほとんどの涙を流したと思う。今なら マスコミが「お涙ちょうだい」ストーリーに仕立て上げて大騒ぎだっただろう。しかし当時はどのマスコミも寄ってこず、地元の高知新聞にも2段のベタ記事しか載らなかった。だから、ほとんど知られていないエピソードだ。

そして3年生の4月からは、失意の学校生活が始まった。4月の最初こそ、目標のない練習のためにグラウンドに集まった。しかし、熱が入るはずもない。1人減り、2人去り……。4月が終わるころには、誰も練習に出なくなった。

野球をする機会すらなくなった。

毎日の登下校には、裏道の田んぼのあぜ道をトボトボ歩くようになった。高知商の正門、道路をはさんだ向かいには、高知工業高校があった。そのグラウンドから、野球部が練習する球音と、選手たちの声が聞こえてくる。それを聞くのがつらいし、人目もつらい。ヒマで体力を持て余し、よく相撲部や柔道部の道場破りをして嫌がられた。街中も歩きにくい。以前は大きな顔をして出入りしていた映画館や喫茶店、パチンコにも行けない。

放課後は家の近くの山に登ったり、寝転がってぼんやり夕陽をながめながら、日が沈むのを待つ。そんな毎日だった。

あまりにも退屈で、ときどき授業を抜け出し、無免許でオートバイで走ることもあった。友人からバイクを借りて、その友人と学生服を着たまま、走り回る。偶然、パトカーが視界に入ったので「運転、代わろか」と友人と交替し、俺自身はセーフだったこともある。いま思えば、本当に抜け殻のような毎日だった。

センバツ見学での涙、その後の失意の日々……そこから俺は変わった。人生、何が起こるかわからない。何が起きても怖くない……ある種の開き直りや、悪く言えばヒネた考え方をする性格になったようだ。

ともあれ、俺の波乱万丈の野球人生はここから始まった。

四万十川に育てられた幼少期

戦後まもない1947年7月22日、俺は高知県の土佐山田町（現・香美市）で生まれた。父親の江本計寛《かずひろ》は警察官。警察署の正面に飲料水の卸業と飲食業をしている店があり、警察署の留置場に弁当も仕出ししていた。その店の娘が、俺の母親となる次子《つぎこ》だった。俺はひとりっこ。父方の祖母や母方の祖父母から大きな愛情を注がれて育った。

子どもの頃は、まさに「根なし草の野生児」。転校が多く、幼稚園は2つ、小学校は4

つ、中学校は２つ通った。オヤジの配属先が変わるたびに、県内を引っ越していたからだ。
引っ越し続きの幼少時代は、俺の将来を暗示していた。高知商から東京の法政大、熊谷組へと移り、プロ入り後も、東京の東映から、関西の南海、阪神へ移籍。プロ引退後は東京へ戻ってさまざまな世界で経験を積み、その結果、１カ所に根付かない人生を送ることになるわけだから。

小学校１年生の２学期には、昭和という村に引っ越した。駐在所の目の前には、「日本最後の清流」といわれる四万十川。夏は毎日、泳いでいた。水中めがねをつけて、手製の銛を構える。上流から泳ぎながら、目の前をアユやイダ（ウグイの方言）などが横切ると、銛のゴムをギューーッと引っ張ってパンと放す。そうやって獲った魚を笹の串に刺して、意気揚々と家に持って帰る。川は俺たちの最高の遊び場だった。

川の水は、重い。海と違って塩分がないから、体が浮かない。死亡事故も少なくなかった。水中に岩がある場所では、流れが急激に変化する。岩のまわりに水が沈み込む感じだ。両足がグーッともっていかれる。抜け出すには、相当な体力がいる。息継ぎも楽ではないから、呼吸法も自然と身につく。

「神様・仏様・稲尾様」の稲尾和久さんは舟を漕いで身体が鍛えられたという伝説がある

が、俺のこの体の強さは、四万十川で培われたのだと思っている。

日教組のデモ隊に水をぶっかける

直情径行な俺の性格は、幼少期から際立っていた。たとえばこんなことがあった。

当時、高知県は日教組が強くて、先生たちが警察に対するデモを頻繁にやっていた。

「権力のイヌ！」「税金ドロボー！」とシュプレヒコールを警察署の真ん前で繰り広げる。

それを見ていた俺は、子ども心にもイヤだった。

「俺のオヤジたちが、なんで税金ドロボーなんや！」

小学6年のとき、高知警察署のすぐ近くの通りにセンセイたちのデモ隊が集結し、勤務評定闘争とかで警察署の前に座り込んでいた。相変わらず税金ドロボーとか叫んでいる。

近くで遊んでいた俺はカーッとなり、バケツに水を汲んで警察署の屋上に走っていき、屋上から思いっきりデモ隊めがけてぶちまけてやった。

「お前らセンセイもそうじゃねえか。税金ドロボーじゃないか。同じ公務員じゃろ？」

子ども心に怒りながら、俺はデモ隊に水をぶっかけた。

いま思えば、すでに小学6年にして、俺は政治的な問題に敏感だったのだと思う。

高校生のときもこんなことがあった。担任が社会科の先生で、バリバリの日教組。自民党、日本政府、アメリカの悪口を授業で言う。俺は、数学や化学の授業中はサッパリわからないので寝てたりしていたが、社会科の授業になるとキリッと目が覚める。

「先生、ちょっと待ってくださいよ。片方の悪いことだけ言うのはおかしいでしょ。ソ連の核実験は正しくてアメリカの核実験はいけないなんて、おかしいでしょ？」

どっちも悪いって言うならわかるけどね。小学校のときも日教組の教師が「アメリカのアイゼンハワー大統領に抗議しましょう」って、クラス全員にハガキを書かせたことがあった。そういう見せかけの〝正義〟のウソが嫌いだったのだ。

その高校時代の社会科の先生は野球部を毛嫌いしていたので、よけいに腹が立ったのかもしれない。

でも、つくづく人間ってわからない。俺たちが出場停止になって、部長以下全員辞めて、野球部に後を継ぐ先生がいなくなったとき、なんとこの先生が部長を引き受けてくれた。

そのうち先生は野球にのめり込んで、のちに高野連の重鎮にまでなった。完全に野球に転向してしまったのだ。卒業後も「江本、江本」ってよく声をかけてくれて、俺はずいぶん可愛がってもらった。高校の授業ではあれほど罵り合っていたのに……。

巡り巡って政治家になったのも、そうした生い立ちの中に源流があったのだと思う。

アイドルは長嶋茂雄

野球との出会いは、小学5年生の時だった。

ある日、オヤジがひょっこり月刊ベースボールという雑誌を買ってきた。その号の表紙が「立教大学三羽ガラス」。長嶋茂雄さん、杉浦忠さん、本屋敷錦吾さんが写っていた。当時はプロ野球より六大学の方に人気があり、3人はまさにスターの輝きを放っていた。

長嶋さんは1958年に巨人に入団し、翌59年の天覧試合(阪神戦)でサヨナラ本塁打を放ち、戦後のプロ野球界人気を盛り上げた第一人者。巨人においては65~73年までの9連覇を支えた「ミスター・プロ野球」だ。

58年に南海ホークスに入団した杉浦さんは翌年、巨人との日本シリーズで、4試合連続登板で4連勝をマークした「魅惑のアンダースロー」。本屋敷さんは阪急と阪神で選手、コーチとして活躍した。

そんな3人だから、表紙の写真からも強烈なオーラが伝わってきた。中でも長嶋さんは別格で、俺はひと目でそのカッコよさに魅せられてしまった。

オヤジとキャッチボールをするようになり、野球にますますのめり込むようになった。そして長嶋さんを知れば知るほど、憧れは大きくなるばかり。俺のポジションはピッチャーかサード。もちろん、サードは長嶋さんのポジションだ。

といっても、少年野球チームやクラブチームなんてない時代、草野球の延長のようなもの。学校のグラウンドで、鬼ごっこやドッジボールで遊ぶのと、感覚的には変わらない。当時の子どもの多くは、プロ野球に憧れを持つようになっていた。

シゴキとケンカの中学時代

中学では当然、野球部に入った。ここで最初の洗礼を浴びることになる。

当時の中学野球では、軟式でも硬式でもない準硬式の「トップボール」という球を使っていた。バウンドが独特で、コン、コン、ときて、3回目にビューンと伸びてくる。しょっちゅう顔に当たって痛い思いをした。今にして思えば、このボールはいい練習になった。フィールディングの反応と動きを鍛えられたし、ボールへの恐怖心にも慣れることができた。バットの芯に当たらないと飛ばないため、力まかせではない正しいスイングを身につけられた。硬式野球に進む上で、いい過程を踏めたと思うが、いまは使用されていない。

中学1年の終わりにはエース級になっていた。2年の2学期、高知市内の城北中から潮《うしお》江《え》中に転校すると、そこでもエースで4番。「俺が一番、上手だ」と思い上がっていた。断っておくが、素質だけでノホホンとエースになれたわけではない。中学時代の練習は、大人顔負けの厳しいものだった。ミスをすれば容赦なくビンタ。ケツバットも日常茶飯事。まさに愛のムチだらけ(?)の時代だ！

中でもキツかったのは「ウサギ跳び」。ホームから外野の端まで90メートルの距離を往復する。合わせて180メートル。これを三度、繰り返す。合計540メートル。ダッシュも何本もやる。その後、家まで、走って帰る。膝はガクガク笑っていた。

いつのころからか、「ウサギ跳びは膝に悪い」と言われ、今ではほとんどやらなくなった。でも俺たちの時代、それで膝を壊した者などいなかったし、間違いなく下半身強化につながっていた。

大人顔負けだったのは、野球に限った話ではない。ケンカも凄まじかった。

転校を繰り返していた俺は、小学校の時から行く先々でガキ大将に目をつけられ、しょっちゅう嫌がらせをされた。いちいちビビッていたら、キリがない。こちらも「負けたらアカン」と強気で押しまくる。身体もデカいので、「武闘派」のイメージはこうして培われたのかもしれない。

俺はまさに「団塊の世代」。1学年15、16クラスで、1クラス56、57人もいた。当然、先生の目が行き届かないから、そりゃもう勉強はしないし素行が荒れるヤツもいる。野球部員の数も多く、不良も多かった。練習中、刑事が数人、グラウンドに入ってきて、不良生徒を追いかけ回すこともあった。

俺も一度、怖い目に遭ったことがある。練習中に他校の不良が邪魔しに来た。こっちもアタマにきて「出て行け！」と言うと、日本刀のようなものを抱えたヤツが乱入してきて、俺は足を斬りつけられた。

「やられたぁ！」このときばかりは観念した。

ところが幸い、刃にはタオルが巻かれていた。よく時代劇でやる「安心せい、みね打ちじゃ」というのと同じ形になって、なんとか命拾い。

それ以外にも、ナイフで人を刺すとき、適度に相手に傷を負わせておいて殺さないで済む方法だとか、とてもここでは紹介できないようなことも見せられた。怖いヤツらを間近で見て、いろいろな意味で鍛えられた。

もっとも俺のオヤジは警官だったから「親に迷惑をかけたらいかんな。不良はしたらいかんな」と、最後の一線は絶対に踏み外さないように心がけていた。

そういえば、「センバツ出場取り消し」の話をすると、たいていの人は、俺が暴力事件を起こしたからだと早合点するので、「いや、俺のはバレてないよ」と、冗談にしている。

俺は野球だけでなく、陸上部からも声がかかった。運動会ではいつも一番足が速かった。小学校の走り高跳びでは1・38メートルをマークし、県の新記録を樹立したこともある。今のような「背面跳び」もない時代のことだ。のちに聞いたところによると、握力が最も強い競技種目は走り高跳びだという。ジャンプする瞬間、ギュッと手を握る。その力がすごい。オリンピック選手なら握力80キロはあるという。

握力はピッチャーにとって死活的に重要だ。ボールがすっぽ抜けたら強い球は投げられない。抑えもきかない。俺の握力は走り高跳びによって身についたのかもしれない。

俺は相撲も強かった。小学校のころから村相撲に出場した。莫蓙に百円札を貼ったのが賞金で、「優勝したよ!」と莫蓙をぶら下げながら胸を張って家に帰ったこともある。

中3のときには、のちの横綱・照國が所属した伊勢ヶ濱部屋など、いくつかの部屋から勧誘されたほどだ。そのときは大相撲の高知巡業に、オヤジと一緒に招待された。そこで車座になり、アルミ缶に入ったメシを食わされた。大人はそのままアルミ缶にビールを注いで乾杯していた。ちゃんこは美味いと思ったが、雰囲気に馴染めず、ふんどし一丁で土俵に上がることにも抵抗があった。やっぱり野球を取ったが、今でも「もし相撲に行っていたら、横綱になったかも」なんて思ったりする。

当時は中3でも、プロ野球のスカウトが来ていた。声をかけてくれたのは近鉄のスカウトだった根本陸夫さん。のちに、らつ腕の管理部長として西武の黄金時代を築くなどして、「球界の寝業師」と呼ばれた人だ。

しかし、俺はすでに完全な〝長嶋茂雄シンドローム〟にかかっていたから、「高校野球で甲子園大会に出場して優勝→巨人にスカウトされる→長嶋さんに会える→長嶋さんと一緒にプレーできる」という夢の方程式が焼きつけられていた。

俺は躊躇なく、地元で甲子園に最も近い名門の高知商に行くことを決心していた。

味のある老監督

高知商の監督は60歳近い松田昇さんという人で、当時はその年齢だと「おじいちゃん」という雰囲気だった。

ところがどっこい、高校野球界では大物として名を馳せていた。超スパルタだったが、指導法はユニークで、理論派。しかも人柄が粋だった。1948年の春夏連続出場を皮切りに、監督として同校を通算12度、甲子園に出場させた名将でもある。また、甲子園に女性を帯同することでも有名だった。

俺は中学時代、野球に集中していてお勉強はダメだった。いくら野球部に勧誘されれば入学試験はほぼフリーパスとはいえ、オヤジとオフクロは申し訳なく思ったのだろう。週に2、3日、近所の兄ちゃんを家庭教師につけてくれた。

付け焼き刃で机に向かっていた冬のある晩、家の呼び鈴が鳴った。

「ピンポーン」訪問者は、松田監督だった。

2DKしかない狭い警察官舎にズカズカと上がり込み、こう言い放った。

「もう、そんな勉強せんでええから。兄ちゃんも、はよ帰りや」

家庭教師を追い出すと、俺に向かってこう言った。

「グラブとバットとボールを持って庭に来い！」

庭でピッチングとバッティングのチェックが始まった。

「うん、ヨシ」松田監督はうなずいて帰って行った。

そして入学試験を終えた夜、松田監督から家に電話がかかってきた。

「お前、もう合格や。明日からサッサと練習に来い」

中学の卒業式前には、すでに高知商の練習に参加していた。

松田監督は教諭でもあったから、期末テストの時間には試験官も務める。教室に入ってくると、テスト用紙を自分で配らず、「お前ら、持ってけ」試験が始まると、すぐにグワーッと居眠り。そのスキに、俺たち野球部員は勉強ができる生徒の答えをまるまる写す。

松田監督は、写し終えたころを見計らって、フッと目を覚ます。

「ワシが舟をこいどる間に、ウロチョロしておったヤツがおるのお」

一応、注意はしておいた、という粋な計らいだった。

テストといえば、そろばんの時間も忘れられない。商業高校だから、そろばん3級を取得しないと卒業できない。しかし、そろばんなんかマトモにしたこともない。テストのときは要領よく、できる生徒の答案をまるまる写す。

あるとき、焦って写したところ、1行ずつ正解がずれていた。そろばんの先生がうちのオヤジにそれを伝えたので、カンニングが見事にバレてしまった。

邪心で逃した甲子園

野球に話を戻そう。松田監督は理論派といえど、ケツバットあり、殴る蹴るあり、シゴキありの、超スパルタだった。ずいぶん乱暴に思うかもしれないけれど、当時の野球指導は中学、高校、大学を通じて同じようなもので、みんなそれを当然と思っていた。

俺が体罰を肯定していると思われては困るが、今の時代は体罰の類はダメだ。体罰で強くなる時代もあったが、今は効果はない。

ただ、スポーツは自分自身を限界まで追い込まないと成長がない、というのも事実だ。「ああ、もうこれ以上は投げられない」と思うまで投げ込んだときに初めて、まだまだやれるとわかったり、ヘロヘロになるまで追い込まれたときに初めて、よけいな力を抜いて投げるコツが会得できたりするものだ。猛練習なくしてうまくなることはない！

「もう限界、もうダメだ」と思うまでやってみると、案外まだまだやれることがわかったりする。その意味においては、地獄のような猛特訓はアスリートには絶対に必要だ。

ともあれ、そんな超スパルタ指導で鍛えられ、俺は順調に成長。2年の夏の地区大会を、エースとして迎えた。しかも絶好調だった。

今と違って夏の甲子園は、各都道府県から代表校が出られるシステムではなかった。高知と徳島の2県から1校という、狭き門だった。

そして、甲子園への切符をかけた、徳島商との代表決定戦。8回表まで、両軍無得点という、絵に描いたような投手戦。その裏の守りで、マウンドに向かったとき、邪心が芽生えた。

「この回を0点に抑えて、9回表に点を取り、その裏を抑えれば、甲子園だ。全国に『高知に江本あり』と認めさせて、来年も春夏の二度、甲子園に出れば、巨人にスカウトされて、長嶋さんと一緒にやれる！」

子どもの頃から描いていた「甲子園→巨人→長嶋さん」の〝長嶋茂雄シンドローム〟が、頭をもたげてきたのだ。

マウンドには魔物がいる。邪心が乱れを生む。

イニングの先頭バッターに投げたシュートが、切れすぎた。相手は右打席で、なんとか打ってやろうと、体を突っ込んでくるから、よけられない。首に当たってデッドボール。

「あ、しまった。1人、出塁させてしまった」

気持ちを切り替えられないまま投げ、なんと次のバッターにも同じところにぶつけた。

ノーアウト一、二塁。集中力もなくなり、ビビリも入ってきた。

「もう、交代させてくれてもいいかも……」

そう思ってベンチの松田監督に視線を向けると、ノックバットを振り上げて「いけえー！　いかんかー！」と進軍ラッパを鳴らしている。

しかし、3人目は腰にデッドボール。ノーアウト満塁。

「ビビるなエモト！　いかんかーい！」ベンチの監督は檄を飛ばしまくっている。

ついに4人目。足にぶつけて、なんと4連続死球。押し出しでホームインを許してしまった。そのまま0―1で負けてしまった。

文字通り「ひとり相撲」で逃した甲子園。最後の夏だった3年生の先輩にも申し訳なく、いたたまれなかった。

徳島からの帰りの汽車の中で、松田監督はポツリと「ワシは疲れた。もう齢だし、辞める」と、つぶやいた。そして夏の大会後、本当に松田監督は辞めてしまった。

俺は絶対に松田監督を甲子園に連れて行ってやりたいと考えていた。あえなくその夢も潰えてしまい、落胆の度合いは2倍、3倍になり、監督に申し訳ないと、心を痛めた。

〝伊藤の虎〟との出会い

さらに1週間後、別の意味でショッキングなことがあった。1、2年生の新チームが結成され、練習再開の日。

「きょうから新しい監督が来るので、全員集合」と言われ、グラウンドで待っていると、そこに現れたのは30歳を超えたくらい、身長180センチ以上のいかつい大男だった。

サングラスをかけ、眉毛はとことん濃く、頭は五分刈り。肩を揺すりながら歩いてくる。左腰にはピストルケースみたいなものを着けている。どこから見てもヤクザそのものだ。

「俺は伊藤というモンや。みんな、並べ」

部員が一列に並ぶと……。

「バチッ！　バチッ！」いきなり全員2発ずつビンタである。

そして、「これからはなあ、お前ら、オレが監督じゃ！」と、説教が始まった。

「なんや、あれ。次、ビンタ食らったら、いわそか、コイツ」

隣に立っていた浜村孝と、報復してやろうとヒソヒソ話し合った。浜村はのちに高卒で西鉄にドラフト1位指名されてプロ入りし、巨人でもプレーした内野手だ。

そうこうしているうちに、新監督がすぐ目の前にやって来た。

「おい、お前か、エモトというのは」

手を出してきたら殴り返してやろう、と身構える。

「お前、何番や」打順を聞いてきた。

「ハァ、俺は9番や」

ぶっきらぼうに答えて、さあ来い、と、ますます応戦態勢をとる。すると……。

「きょうから4番を打て」と、思いもかけない言葉が飛んできた。

2年生からエースだったとはいえ、ピッチングに専念できるよう、9番に置かれていた俺を、4番に抜擢してきたのだ。代わって、1年から4番を任されていた浜村には「お前はきょうから3番、エモトが4番や」と宣告。

「これでチームの中心が固まった。さあ、練習じゃ！」

あっけにとられる俺たちを尻目に、伊藤監督はスパッと切り替えて、ポンポンと手を叩いた。おそらく、俺の性格とかチームの編成などを、事前に調べてきたのだろう。コイツを持ち上げてやれば、チームもうまく回る、と。

実際、「江本中心で甲子園に行くぞ」とハッパをかけられたと感じたくらいだから、やる気が出ないわけがない。熱い男気も、ビリビリ伝わってきた。相当な人心掌握術だ。

これが新監督の伊藤秀雄さんとの出会いだった。その豪快でバンカラな性格から〝伊藤の虎〟と恐れられた、規格外の監督だ。

最初は高知商ＯＢ、ということ以外、くわしいことは何も知らなかった。昔を知る人に聞いてみると、高知県の弁護士会会長の息子で、高知商野球部の元キャプテンだという。

しかも伊藤監督は１９５０年春のセンバツ大会に出場し、準々決勝の熊本工戦で、「幻のホームラン」という歴史的な珍事にかかわっていた。左翼スタンドに打球を運んだ相手打者が、興奮のあまりうっかり一塁ベースを踏み忘れていた。それに気づいて、アピールプレーでアウトにし、一躍有名になったのが伊藤さんだったのだ。そんなところに気づくとは、非常にデリケートな一面も持ち合わせているということだ。

高校卒業後は神戸商船大に進んで野球を続けたというところまではわかったが、その後はしばらく消息不明で、ウソかマコトかある組の幹部になっていたとの情報もあった。道理で、そのスジの怖い人にしか見えなかったわけだ。

そして、ぶらりと高知に帰ってきたあと喫茶店のおやじをしていたが、いきなり母校の野球部監督になった。

伊藤監督は松田監督とはすべてが対照的だった。教諭ではなく、いわゆる雇われ監督で、無給。奥さんと２人で喫茶店を経営しており、その収入で生活していた。

指導法は、理論もヘチマもない。しいて言うなら「男気」だけだ。

ある日、練習が始まって1時間もしないうちに、伊藤監督が選手を集合させた。

「お前ら、きょうは気合入っとらんなあ。気合入らんで練習したら、ケガするで。きょうは、やめとけ。解散!」

俺たちは内心大喜び。さっそく街に繰り出す。

後でわかったことだが、その日、喫茶店の用事で忙しくなるという全く個人的な理由で練習を早めに切り上げたという。選手の気合の問題ではなかったのだ。

またあるときは、ウォーミングアップをしただけで、練習終了が告げられた。今度は何だろうと推理を巡らせているうちに、グラウンドにトラックがキキーッと横付けされた。荷台からゾロゾロと降りてきたのは、くりからもんもんの、怖いオアニイサンたち。

(いったいどんなグループや?)

「コイツら運動不足やから、野球をさせなアカン。お前ら、もう帰れ」

キャッチボールやら、バッティングやら、真剣に汗を流すオアニイサンたちを、部室からながめて、おかしいこと、おかしいこと。あれもひとつの男気だったのかもしれない。

チームを変えた監督のひとこと

１９６４年秋のシーズンが始まった。

だが、最初の試合は無残な敗北。俺たちは伊藤監督にボコボコに殴られた。

２戦目も同様で、連敗を喫した。

「また殴られるわ……」

「いや、前の試合から何も反省していないぞと、もっと殴られるかも……」

俺たちは覚悟して、整列した。すると、伊藤監督が意外なひとことを口にした。

「きょうの負け方は、素晴らしい。負けるにしても、良い負け方と、悪い負け方がある。きょうのは素晴らしかったぞ！」

全員の手をギュッと握り締め、肩を抱いて、ほめてくれる。

素晴らしい負け方？　なんや、ソレ。俺も打たれたし、どう見ても同じ負け方や……。

一同、ポカーン。

しかし、これでチームは変わった。ツキモノが落ちたかのように、俺たちは快進撃を続けたのである。「よきおじいちゃん」の松田監督を甲子園に連れて行くことができなかった分、「よきアニキ」の伊藤監督と甲子園に行こう。その一心でまとまり、勝ちまくった。

これも「チーム作り」の手口だったのか？

3戦目からは実に21連勝。秋季四国大会を制覇して、翌年春のセンバツ出場を決めた。

もっとも、伊藤監督の戦略は、きわめて単純なものだった。サインは、バント、盗塁、ヒットエンドランの3種類しかない。加えて、チームの決めごととして、「10点目は自動的にスクイズで取る」というルールがあった。ノーアウト、または1アウト三塁という場面が来たら、誰がランナーでも、誰がバッターでも、スクイズをする。「ウチの打線なら10点は取れるから、そのときにスクイズ」というわけだ。

サインの少なさといい、自動的スクイズといい、通常では考えられない。逆に言えば、それほど強いチームだったともいえる。

監督は「ハート」か「理論」がなければダメ

ところが先に触れたとおり、センバツ大会の直前に、部員の暴力事件で出場停止となってしまった。新しいユニホームを揃え、父兄や地元からの寄付金も集まり、宿舎も伊藤監督が大好きな有馬温泉と決まっていたのに……。

「すまん」俺たちに頭を下げた伊藤監督は、こう続けた。

「お前らは、俺に盃を預けた人間や！　なんとかお前らが夏の大会には出られるよう、これから俺が取り計らってくる」監督の目が血走って、完全に〝伊藤の虎〟になっている。

「エッ？　監督、いったいどうするんですか？」

「きまっとるわ、高野連に殴り込みに行くんや」

「か、監督！　そ、それだけは止めてください！」父兄や俺たちは必死に止めた。

もともと伊藤監督は、普段から相手ベンチや審判員にキツいヤジを飛ばしていたことで、高野連から目をつけられていた。いくら警告されても「お前たちのためやから、ワシは行くでぇ！」と、対決姿勢を崩さなかった。この上、高野連に乗り込むようなことをされたら、処分が軽くなるどころか逆効果だ。俺たちとしてはその気持ちだけで、十分だった。それに、いまさら処分の撤回など不可能だった。

野球選手にとって「理想の監督像」とは、自分自身を育ててくれた監督が基準になる。人間の生い立ちと同じだ。その教えは、頭と体にしっかり染みつく。だから、俺の理想の監督像は、伊藤さん、そして前任の松田さんと、高校時代の恩師が基準になった。

監督には「理論」もさることながら、「男気」「ハート」が何よりも大切だと思う。

この価値観は、大学、社会人、プロへと進んでも、変わらなかった。出会った監督たちといろいろなぶつかり合いがあったのも、俺が監督に求めている人物像と合うか合わないかが根本的な原因だったのだと思う。

たとえば、野村克也さんは世間では「頭脳派」のイメージが強いが、それは俺が知っている本当の野村さんとはだいぶ違う。後年、ヤクルトで三度日本シリーズを制覇したことで「理論派の大家」「データ野球の権化」と呼ばれるようになったが、俺が南海ホークスに在籍していた頃、野村さんは監督兼選手であり、「選手同志」「よきアニキ分」というイメージが強かった。だからこそ「ノムラを男にしよう」「この人に恥をかかせたらアカン」という一点でチームがまとまり、みんなで工夫して戦えたのだ。

もっとも、「ハート派」だけが良くて「理論派」の監督が悪いというわけではない。どの監督にも、指導法には一理ある。一長一短があるだけで、どちらが優れているというわけではない。ただし、「ハート」か「理論」のどちらかがないと、俺には受け入れられない。その両極端の監督に育てられてきただけに、なおさら俺はそう思う。

阪神で「ベンチがアホやから……」の一連の騒動を起こしてしまったのも、もとはと言えば、当時の監督にハートも理論も感じられなかったからだ。

現在のプロ野球を見ても、ハートも理論もどっちもない監督が、実に多い。解説や評論をするとき、そういうタイプの監督が勝ったとしても、なかなか認める気にはならない。そして実際、ハートも理論もない監督の下ではチームが大きく成長することはない。

大喪の礼の日に連続6回職務質問

そうそう、伊藤監督の後日談も紹介しておく。

忘れもしない1989年2月24日。東京・有楽町のニッポン放送で仕事をしている俺を見たいと、高知から伊藤監督が訪ねてくれたことがある。そのときもひと波乱あった。

「なんだか『江本を出せ！』って暴れてる人がいるんですが」と受付嬢からの内線電話。

「えっ、何ていう人ですか？」

「伊藤さんという人なんです」

「申し訳ない、それは僕の高校時代の監督や。上へあげてください」

そして俺の顔を見るなり、「何じゃ、東京は！」と怒鳴りだした。よくよく聞くと、東京駅から有楽町を通ってニッポン放送に着くまで、6回も警官に止められたという。

じつはその日は昭和天皇の大喪の礼だった。皇居に集合して割腹自殺する人が出る、との噂があって、厳重警備が敷かれていた。

そこにいかつい顔をした坊主頭のオッサンが、格子柄のジャケットをひっかけ、ピッカピカの革靴の音も高らかに歩いてくる。怪しまれないほうがおかしい。ニッポン放送の受付でも警戒され、なかなか俺に取り次いでもらえず、大声を出して暴れたというわけだ。

「こんな日に、無理もない話ですよ」となだめて食事に連れ出し、機嫌を直してもらった。俺にとっては忘れられない監督だった。

その後、伊藤監督は多くの教え子に惜しまれながら早世した。

あのような傑物は、今の日本のアマチュア野球界ではもう二度と出てこないだろう。

立教に断られて法政へ

「センバツ出場取り消し、および1年間の対外試合一切禁止」という重い処分を受けて、脱け殻のような日々を送っていた高校3年の夏。

俺はようやく新たな目標に向かって動き出した。

「男として、甲子園に行けなかった恨みは、どこかで晴らさなアカン。甲子園の借りは、神宮で返す。長嶋さんの母校、立教大学へ進んで六大学野球で活躍し、プロに入るんだ」

晩夏に東京・東長崎で行われた立教のセレクションに参加した。

ピッチング練習をちょこちょこっとやったら、ハイＯＫ。「合格」をもらった。

しかも、運命を感じさせる出会いがあった。

長嶋さんが守っていた三塁の近くに行き、「長嶋さんもここで千本ノックを受けていたのか。ここで華麗なプレーの原点が育まれたのか……」と感慨にふけっていると、犬の散歩をしていたおじいさんが、つかつかと歩み寄ってきた。

「キミは誰？」「はい、高知商業の江本と申します。セレクションで来ました」

この人こそ、千本ノックの主、砂押邦信さんだった。立教監督として長嶋さんを育て、のちにプロ野球の国鉄監督に招へいされた人物だ。

「これで長嶋さんと深い縁で結ばれた。また一歩、近づいた」そう勝手に信じ込んで、武者震いを覚えたものだ。

ところが、ここでまたも運命が暗転する。

年の瀬も押し迫った12月、立教から断りの電話が入ったのだ。当時は学生運動が盛んで、学内の左派勢力から「体育会系を優遇するのはけしからん」という圧力があったようだ。

実はその直前、プロ野球の西鉄ライオンズからドラフト4位で指名されていた。スカウトの訪問を受けたときは、ボストンバッグに詰め込まれた契約金８００万円を見せられた。

めったに拝めない札束の山に、同席したオヤジも俺も目を白黒させつつ、「お金の問題ではありません」と、お断りしていた。「もう絶対に立教に行く」の一念だったからだ。

それが突然消えてしまった。俺は途方に暮れて、街中をとぼとぼ歩いていた。

だが、捨てる神あれば拾う神あり。まさにそのとき、法政大学に進学していた先輩と、道でばったり会ったのだ。

「お前、何やってるんだ？」

「かくかくしかじかで、どうしようかと悩んでいます……」

すると先輩は、ポンと俺の肩を叩いてこう言った。

「ちょうどいい。今月20日から淡路島の洲本で法政のセレクションをやっとるぞ。そこへ行け！」まだチャンスはあると、小躍りした。

法政は立教と違って左翼系と体育会系がくっきりと区別されていて、逆にこだわりがなかったそうだ。全国の高校野球界の「エースで4番」をセレクションで集める方針だった。

渡りに船とばかり、参加させてもらい、すぐに「合格」と評価してもらった。法政も立教と同じ東京六大学。神宮で活躍して、プロへ。そして長嶋さんの近くへという夢に向け、やっと第一歩を踏み出すことになった。

1966年2月。俺は高校の卒業式の前に、川崎市・武蔵小杉にあった法政大学野球部の寮（合宿所）に入り、練習に合流した。

合宿所には1年生は8人ぐらいしか入れないため、入学式が始まるまでは〝お客さん〟扱いだった。ところが入学式が終わるやいなや、猛烈なシゴキが始まった。正座にビンタ、ケツバット……。波乱万丈の野球人生の、第2ラウンドのゴングが鳴った。

第2章　シゴキ、衝突、涙の青春

法政大学、熊谷組時代

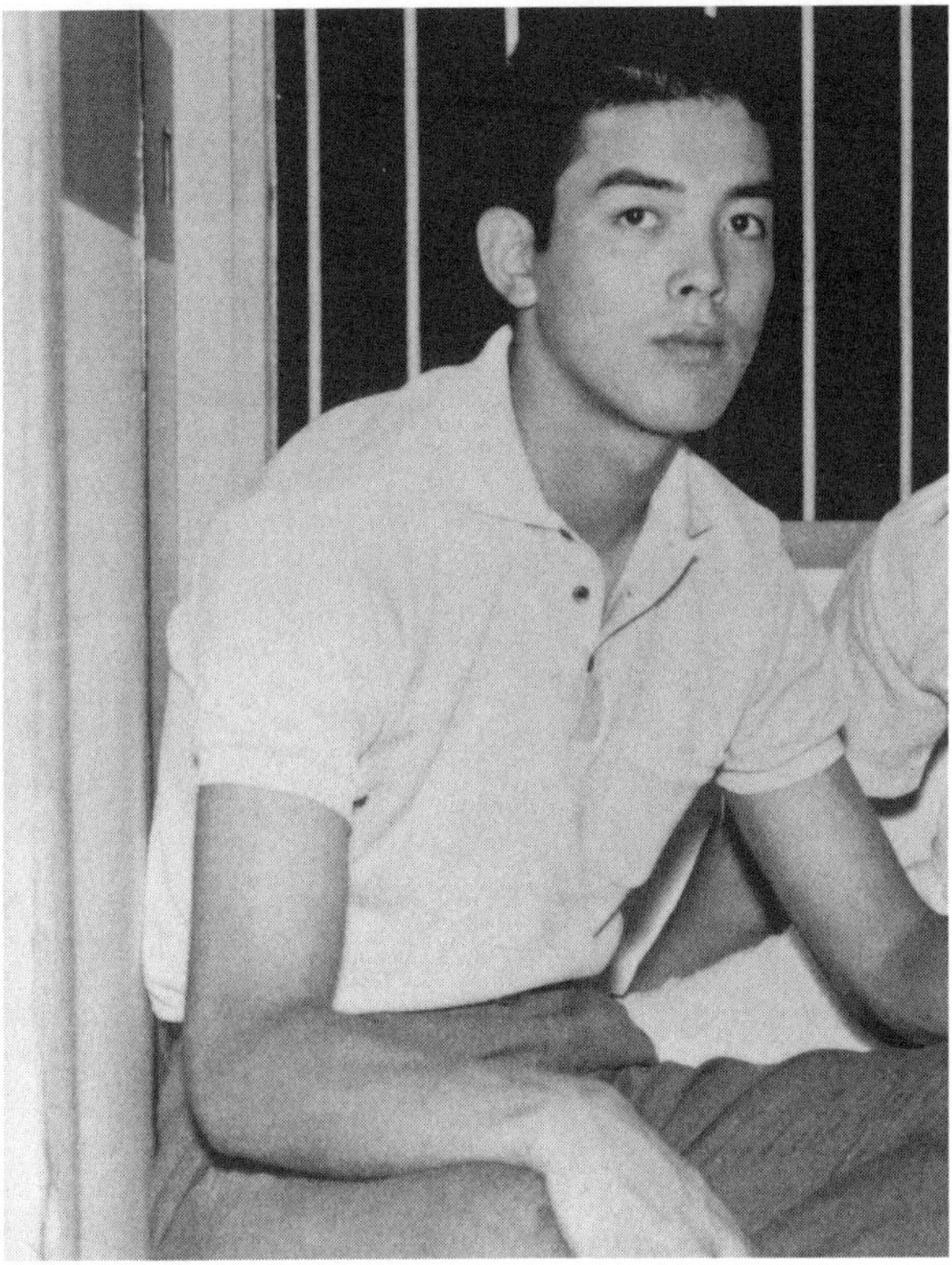

法政大学野球部の合宿所にて。シゴキ、空腹、監督との軋轢に悩んだ青春時代

監督に逆らって寮を脱走

理不尽な怒られ方をして、血が逆流する思いだった。

「コラッお前、何やってんだ！　休んでなきゃダメだろう！」

川崎市・武蔵小杉にある法政大学野球部の寮に、松永怜一監督の怒声が響いた。

そのとき俺は1年生。秋のシーズン前にひどいぎっくり腰になり、満足に歩くこともできない状態だった。

だが、寮ではオチオチ寝てもいられない。たちまち先輩の命令が飛んでくる。

「おい江本、ゴロゴロしてるんなら俺の洗濯をしろ」

先輩の命令は絶対である。ぎっくり腰だろうと高熱だろうと、従わないわけにはいかない。仕方なく俺は汚れ物がいっぱい入ったかごを抱え、ペンギンのようなヨチヨチ歩きで腰をかばいながら廊下を移動していた。

そして、監督室の前を通りかかった時、運悪く監督に見つかってしまったのだ。

「お前はケガしとるんじゃなかったのか。そうか、サボりたくて仮病を使ったんだな！」

そのひとことにカーッときた。

そもそも腰を痛めたのは、先輩のシゴキで冷たい風呂場のタイルに長時間正座させられたことが原因だった。タイルの上に冷水を流しっぱなしにされ、腰が冷え切ってしまった。その上、廊下のぞうきんがけをしている最中に、突然ぎっくり腰になってしまったのだ。理不尽の始まりである。

また、寮においては下級生が上級生の身のまわりの世話に使われるのは当たり前だった。そうしたしきたりは、監督も重々承知しているはずなのに。これが第2の理不尽。

一瞬カッとなって怒りがこみあげた。

監督の罵声を背中で聞きながら、俺はそのまま部屋に戻って荷物をまとめた。

「ガツーン！」

痛む腰もかまわず、最後に監督室のドアを思いっきり蹴り上げてやった。

衝動的に寮を飛び出したけど、行くあてはどこにもない。俺はヨチヨチ歩きで東横線、日比谷線と乗り継いで東京駅に出て、まずは大阪に向かうことにした。

長い苦痛の時間。電車の振動が腰に激痛を与え、椅子に座るにも両手で体を支えなければならないほどだった。

「これからどうなるんだろう……しかし、あの監督はムカつく！」

車窓の景色をぼんやり眺めながら、俺の心は先々への不安と怒りの間で揺れていた。

大学野球の洗礼

もともと法政でのスタートは順風満帆だった。

そもそも寮に入れてもらえること自体、エリート扱いだった。全体で約100人もいる部員の中で、寮に入れてもらえるのはレギュラー部員約30人という狭き門。1年先輩で、のちに広島カープで「ミスター・赤ヘル」として大活躍した山本浩二さんでさえ、寮に入れたのは、2年生になってから。それを思えば、俺はかなり期待されていたといえる。

まだ高3だった2月に入寮した俺は、練習試合、オープン戦と絶好調だった。1年間、処分のせいでロクに練習せずブラブラしていたのに、肩が妙に軽く感じた。ボールがうなりを上げて、キャッチャーミットに吸い込まれる……といった、漫画で見るような最高のコンディションだ。

1年春の東京六大学リーグ戦から、晴れてベンチ入り。背番号も「11」を与えられ、4月25日の開幕カード、明大戦の7回に初登板を迎えた。

ところが、ストライクが入らない。あげくに高田繁さん（のちに巨人）に痛打を浴びる。

レフトへのライナー。打球が低く、強すぎて、左翼手がトンネル。高田さんは生還。ランニングホームランの洗礼だ。

東京六大学新人戦では、早大戦に先発。延長15回まで投げながら、最後に谷沢健一（のちに中日）にホームランを打たれたゲームだった。よく投げたが、途中で指のマメがべろりとむけたままだった。しかし、これは堀井和人がうまく守っていれば、キャッチできていた打球。堀井とはのちに南海ホークスで同僚になる。このころから因縁はあった。

そんなこんなでツキにも見放され、調子は急降下。春に肩が軽く感じられ、絶好調だったのは、いわば、まやかし。体は正直だ。練習はウソをつかない。高3の1年間、練習をしていなかったツケが、今頃になって回ってきたのだ。

そして決定的だったのが、ぎっくり腰だったというわけだ。

ある先輩の厚情

監督とケンカして寮を飛び出したのは、秋季リーグ戦の最中だった。

大阪に向かった俺は、とりあえず兵庫県西宮市出身の先輩のご実家に転がり込んだ。

「江本、行くとこあるんか？　ないんやろ？　それなら西宮に行けや。友達が旅館をやってるから」

俺が寮を飛び出す前、3年生のある先輩がこう言ってくれていたのだ。先輩の友人は、そんな俺をタダで寝泊まりさせてくれ、タダメシも食わせてくれた。せめてものお礼にと、俺は浴衣のアイロンがけをさせてもらった。先輩には今でも感謝している。

ちなみに俺が寮を飛び出した後、その先輩も監督とケンカして寮を飛び出すという椿事があった。原因は、どうやら俺をかばったことにあるらしい。男らしい先輩だった！

旅館のすぐ近所には、南海の野村克也さんの豪邸があった。その先輩と友人は、野村さんの高級車のタイヤにいたずらしたことがあるらしい。

後年、野村さんにその話を明かすと、「そういえば、旅館、あったのお。お前、あそこ知っとるんか」と驚いていた。やはり、野村さんと縁があったのかも。

西宮と大阪でしばらくブラブラした後、俺は故郷の高知に帰った。

「腰は大丈夫か？」

すでにオヤジは大学からの電話でコトの顚末を知っていたが、説教めいたことは一切言わなかった。

「大学の理事さんから何度も電話があってなあ、『帰ってきてくれ』言うてたぞ。でも、あわてて結論を出すことはない。しばらくこっちで、ゆっくり治せや！」

俺はオヤジの気配りに感謝し、翌日から整骨院に通い始めた。1カ月後にはほぼ正常な状態になり、俺は寮に戻ることにした。

大学に戻ってみると、「江本が無断脱走した」と大騒ぎになっていた。

俺に言わせれば「無断」ではない。ちゃんと監督室のドアを蹴り上げて、出て行った。言葉より明確に、激しい意思表示をしたわけだから。

俺は監督室に頭を下げに行った。松永監督は腕組みをして俺を睨みながら、こう言った。

「お前は俺に逆らった。そんなヤツは10年に1人いるかいないかだ。そのかわり、お前は10年に1人の選手になれ」

いま思えば、これはいい言葉だ。しかし、当時の俺は素直に聞けなかった。センバツ出場停止以来、妙にヒネた考えを持つようになってしまったせいか、監督の言葉が皮肉にしか聞こえなかったのだ。

「10年に1人のピッチャーになれないことぐらい、自分がいちばんわかっとるわい！」

内心そう思いながら、俺は監督室を後にした。

ともあれ、この一件で、松永監督に悪いイメージを植えつけてしまったことは、間違いない。そしてその後も、監督との感情の行き違いで苦労するはめになる。

地獄のシゴキ

俺が腰を痛めたのはシゴキが原因だと述べたが、当時はビンタ、ケツバットなどは当たり前の時代だった。なかでも寮生活で最大の恐怖は「集合」というシゴキ！

「1年生9時集合」

練習から帰って寮の黒板にこう書かれていると、われわれ1年生はガックリ。

「うわあ……今度はなんやろ。なにがあったんや」

戦地に召集される兵隊さんのように、有無をいわさず、集合させられる。覚悟を決めて、行くしかない。先輩は舌なめずりでもする感じで1年生を待ち構えている。

板の間で正座させられること、なんと2時間。その間、先輩の説教が延々続く。30分もすると脚はしびれだし、2時間もたつと腰骨から下が冷たくなって感覚もない。

「立てッ！」

ようやく解放されても、脚がくっついて離れない。なんとかフラフラと立ち上がると、意地の悪い先輩が、1人をチョンと小突く。「おわっ！」脚がしびれているからよろめき、隣の1年生ともどもブッ倒れる。全員、バタバタバタッと、将棋倒し。端からみると喜劇のワンシーンのようだが、なぜこんな目に遭わなきゃならんのかと、どこまでも理不尽な思いがこみあげてきたものだが、これが合宿生活では普通の時代！

「集合」の理由には、事欠かない。あいさつがなっていない、掃除ができていない、洗濯の仕方が悪い……嫁いびりのように、ネチネチと。こちらがきちんとやったつもりでも、先輩の気に障ることがちょこっとでもあれば、それが集合の理由になる。ミスがあれば、つねに連帯責任。全員がやられる。

なかでも陰湿なのは、〝ボール隠し〟だった。練習が終わると、1年生のボール係がグラウンドからボールを拾い集める。約200個。そして「集合」でボールの数を訊かれる。すると、意地の悪い先輩が、「おいボール係、本当に全部あったのか？」と問う。

当然、ボール係は「はい。ありました」と答える。

すると先輩は「ほお〜」と手を尻のポケットに回し、「これはなんや」とボールを2個、取り出してみせる。全員ビンタ、正座の刑だ。

おわかりだろう。先輩は練習中からボールを2個、隠していた。ボール係も練習終了後、2個足りないことはわかっていた。ここで正直に「2個足りません」と申告したらしたで、全部見つかるまで、夜中じゅうかかっても全員で探させられる。

仕方なく、「全部ありました」と答える。半ば、確信犯。その結果の〝有罪判決〟だ。何度もこういうことがあるものだから、やがてわれわれも、「ほら、手をうしろに回すぞ」「どうせ、ボールが出てくるんだろ」とお見通しになる。全くもって、ムカつくシゴキ。厳しくイヤな時間を過ごしたものだ。

危機を救ってくれた俺の「アニキ」

練習でも、恐怖のメニューがあった。「ダービー」と呼ばれるシゴキだ。

2年生のひとりが1年生全員の列を先導し、グラウンドを1周する。先導者が交代して、また1周する。これが延々、2時間以上も続く。

2年生は1周ずつで交代するから、元気いっぱい。1年生は、たまらん。ぶっ倒れる者が出ても、バケツで水をかけられ、足蹴にされ、起こされて、また走らされる。

今ならとんでもないシゴキだと、問題になるだろう。

2年生の中には手加減してくれる人もいたが、底意地の悪いヤツもいた。足が速いのが自慢で、先導に立つと全力で走る。他の2年生は1年生の状況をみながらペースを加減してくれて、人間性が感じられたものだが、コイツだけは手加減なし。意地が悪い！

あるとき、もう20周以上してヘロヘロで、倒れるヤツが続出していた。

もともと俺はどんなシゴキにもネをあげなかった。ビンタされるときも自分から顔を差し出していたぐらいだし、長時間の正座でも、絶対に倒れなかった。

でも、こうした意地悪な先輩にはムカつくし、我慢の限界のときもある。

俺は力を振り絞って意地悪な先輩に追いつき、つい背中をポーンと小突いてしまった。

「しまった！」一瞬、後悔した。上級生に逆らうことは、ヒトラーに逆らうようなもの。

でも、続けて俺の口から出た言葉は、「オリャー、いつまで走るんや！」だった。

もう、こうなったらハラをくくるしかない。ダービーは即刻中断。すぐに俺は上級生に取り囲まれた。ボールを1個でもなくしたらビンタが飛んでくる世界だ。俺は目を閉じてグラウンドに座り、半殺しにされるのを覚悟した。

その瞬間、任侠映画のようなことが起こった。

「何やっとんじゃあ！　江本をやるんなら、俺を先にやらんかい！」

声の主は1年先輩の富田勝さんだった。のちに南海ホークスや巨人軍などで活躍、通算1000本安打などを達成し、スター選手として名を馳せる。当時は田淵幸一さん、山本浩二さんと並ぶ「法政三羽ガラス」の一人だった。

富田さんは肩に羽織を引っかけてくるような無頼な雰囲気があり、2年生の中でも〝コワモテ〟で通っていたから、誰も文句を言えない。本当にギリギリのところで、こちらも一杯いっぱいだったのだが、見事、救ってくれた！

どういうわけか、富田さんにはその後もかわいがってもらった。まさに俺の「アニキ」である。富田さんは2015年に惜しくも逝去されたが、出会えて本当にラッキーだった。もしかしたら俺に同類のにおいを感じてくれていたのかもしれない。

極貧の食生活

「人生の3分の2はいやらしいことを考えてきた」これはみうらじゅんさんの『週刊文春』のコラムの書き出しの決まり文句だが、俺は「人生の3分の2は食うことを考えてきた」といっても過言ではない。

寮生活での日々の最大の関心事は、食事だった。生来、食い意地が張っていたこともあるが、何せ10代後半から20代前半の食べ盛り。切迫した飢餓感をいつも抱えていた。

野球部の寮だから、さぞコッテリした料理が並ぶのだろうと思う人が多いかもしれない。

だが貧乏合宿所の最大のごちそうは、毎週金曜日に出される「メンチカツ」。それも名刺2枚分ぐらいの大きさ。なんというお粗末さ！

他の日は「大根シリーズ」があった。大根の味噌汁、タクアン、そしてメーンのおかずも、大根を炊いたやつ。ポリポリ、カリカリという音しか聞こえない。栄養もクソもない。じつは俺はのちのちまで、懐がさびしくなると、真っ黄色のタクアンにマヨネーズをかけただけのご飯をよく食べていた。これも寮生活のなごりかもしれない。

寮では年に二度だけ「すき焼きの日」があった。「ようやく肉が食える！」とヨダレをたらすのは、早とちり。4年生、3年生の順番で鍋を囲む。

「1、2年生、食ってよし」とお許しが出て、箸を突っ込み、底からすくっても、箸に引っかかるのは、ネギ、白菜、糸こんにゃく。もちろん肉なんてクズだけだ！

先輩に連れられて初めて焼肉屋に行ったとき、最初に食べさせてくれたのが「クッパ」だった。焼肉屋でも肉は食えない。まず、ご飯もので胃袋を満たす。焼肉屋でクッパから肉にたどり着くまでには、時間がかかった。

とにかく、寮のおかずではとても足りない。さりとて仕送りのカネはすぐになくなる。

そんな中、田淵さんは実家が裕福だったから、チキンカツ、カツカレー、オムライスなど、よくレストランから出前を取っていた。

カネがなくなると俺はもっぱら近所の店から1斤45円の食パンを買ってきた。それに油紙で取り分けたバターが15円。これを寮に持ち帰り、火鉢で焼いた。しかし、これは美味かったし、じゅうぶんハラが満たされた。

近所の「百番」という中華料理屋にもよく行った。三池工高（福岡）が夏の甲子園で全国制覇したときの4番バッターで同級生の苑田邦夫と2人で行くと、店のオバチャンは俺たちの小遣いが少ないことを知っているから、いつも「きょうは、いいわよ」と代金を取らない。これが何度か続くと、人間、情けないことに卑しくなる。カネもないのに店に行くようになる。ラーメンだ、チャーハンだ、ギョウザだと食べまくり、「ごちそうさま」と声をかける。ポケットに手を突っ込み「いくらですか？」オバチャンが「いいわよ」と言ってくれるのを見越して。本当にありがたかった。

週1回、東京・飯田橋の大学まで通うのも、カネがないと大変だった。片道の電車賃が70円。しかし65円しかなく、5円足りないばかりにひと駅先まで歩いたこともある。

大学に行くと、まず腹ごしらえと、学食で金持ちのバレーボール部の部員をつかまえる。「俺はカレーライスとスープね。とりあえず、代わりに払っておいて。あと帰りの電車賃、

1000円貸して」

今思い返せば悪いことをしたと思うが、返したことがない。スミマセン！

胃袋と懐が暖まった帰り道、新宿御苑で昼寝をするのが、唯一の楽しみだった。猛練習や、先輩のシゴキから解放される、わずかな自分の時間である。

「痴漢退治」と先輩への復讐

厳しい寮生活でも、オモロイことはあった。

春から夏にかけて、夕闇が近づくと多摩川河川敷はカップルでいっぱいになる。それを狙ったノゾキや痴漢も多い。そこで俺たちは「痴漢退治」と称し、河川敷のカップルの邪魔をするのである。数人で隊列を組み、新聞を丸めてメガホンがわりにして大声を出す。

「こちらはぁ～中原警察署ォ～。このあたりは痴漢が多く危険で～す。すみやかに帰宅しなさ～い！」

すると、草むらでモゾモゾしていた男女があわててガサゴソ出てくる。車を揺らしていた恋人たちが、急発進して走り去る。「さようなら～！」と手を振って、大笑い。

こんなイタズラでも、それはそれで楽しかった。

そうそう、上級生の意地悪な仕打ちに対しては、やがて俺たちも小さな反撃をするようになっていった。

シゴキのビンタをされるとき、顔をそらすのではなく、むしろビンタしてくる手のほうに向かっていく。張られる瞬間、グイッと顔を突き出すのだ。

これが結構、上級生にとっては気味が悪いのだ。「報復されるかも」と、妙な気になるらしく、精神的な圧迫感を上級生に与えることになる。

「気味悪いな、コイツ」と思わせたら、しめたもの。だんだん、ビンタが及び腰になる。そのうちビンタも軽くなっていく、という寸法だ。ここで顔をそらしたり、よけたらダメだ。よけいに力を込めてひっぱたかれることになる。

俺と同級生は、もっとえげつない仕返しをこっそりしていた。

嫌いな先輩から蕎麦などの出前を頼まれたとき、途中で「カァーッペ！」と、ツバを吐きかけたり、ボリボリボリッと頭をかいて飯の上にフケをふりかける。

先輩がそれを美味そうに食うのをみて、内心「おお、食っとるぞ」とほくそ笑む。

ところがあるとき、先輩が珍しく仏心を出した。一緒にいた同級生にドンブリを渡し、

「お前も腹が減ってるだろ。半分やるよ。食えや！」

先輩の命令を断るわけにはいかない。ツバとフケの隠し味がきいたうどんを、涙目でする同級生……。まあ、お互い様だが、いま思えば笑い話だ！

光が見えた3年春

ぎっくり腰やら監督への反抗やらで、俺は大学1、2年生時はくすぶっていた。

「しかし、まあいいか、試合に出られなくても」勝負はまだ先と思っていた。のんびり構えていたのは、3つ年上のある先輩の例を見ていたからだ。

この人は4年生までほとんど活躍できなかった。ところが4年秋のリーグ戦でたまたま試合に出ると、4打数4安打の大活躍。盗塁までしっかり決めた。

このとき、スタンドには法政OBでもある南海ホークスの名将、鶴岡一人監督が視察に来ていた。その目の前でたった1回いいところを見せただけで、その先輩は南海にドラフト指名され、プロ入りしたのだ。

もっとも、案の定、この先輩はプロではさほど活躍できなかった。しかし、チャンスは誰にもいつか来る……そう考えると、焦りはなかった。

やっとチャンスが来たのは、3年生になった1968年。ようやく腰痛が癒え、体調も戻り、春季リーグ戦から絶好調だった。

そして、勝てば優勝という慶應との最終戦。俺はヒット2本に封じて完封勝利を収めた。

〝胴上げ投手〟になり、捕手の田淵幸一さんと、マウンド上で抱き合った。

好調をもたらしてくれたのは、野球部部長の藤田信男先生のひとことだった。

「自分の投げやすいフォームで投げろ」

松永怜一監督は、いわゆる「早稲田スタイル」のフォームが好きだった。ラジオ体操のように、両腕を同時にバランスよく、左右に広げて振り上げ、投げ下ろす。理論上は、確かに無理のない、理想のフォームともいえる。

ただ、俺の腰の回転は縦ではなく、横向きだった。そこに気付いた藤田先生が「横からでもいいから、投げやすいように投げろ」と言ってくれたのだ。そこで、オーバースローからスリークォーター気味に投げると、まずまずのピッチングができた。

もうひとつ、法政の前監督でプロ野球の東京オリオンズで監督も務めた田丸仁さんからこんなアドバイスをいただいた。

「バネのある、ロケットのようなピッチングをしろ」

要するに、大きくバネを使って投げろ、小さくまとまるなということだ。

優勝投手となり、ちょっぴり自信もついた。「これで少しはあの人に近づける」……そう思うと、うれしかった。「あの人」とは、もちろん、長嶋茂雄さんだ。

高知商でセンバツ出場が泡と消えたときに誓った「甲子園に出られなかった恨みは神宮で晴らす。東京六大学で活躍してプロに進み、長嶋さんの近くで戦う」という夢が、ようやく現実のものになりつつあった。3年秋、4年春も、俺は主力投手の一人として活躍し、希望の灯りがともりはじめた。

しかし、運命は暗転する。まさかこのときが大学野球での絶頂期になろうとは……。

その原因は、またしても松永監督に歯向かったことだった。

監督の説教に反論して干される

淡路島の洲本キャンプでのこと。どしゃ降りの雨にもかかわらず、松永監督は練習開始を指示した。グラウンドが水浸しになって、練習続行は無理な状況だ。にもかかわらず、松永監督はいくらやっても無駄な水はけ作業を延々とわれわれ部員にやらせていた。

一向に練習をやめようとしない監督を見て、つい大声を出した。

「こんな無駄なことやらせて……監督は何考えとんじゃ！」

部員みんなの気持ちを代弁し、言わなくていいことを言ってしまった。

すると、俺を見つめる部員たちの顔がみるみる引きつっていく。

ふと後ろを振り向くと、俺の背後に、松永監督が鬼の形相で立っていた。

監督は烈火のごとく怒った。無理もない。俺はグラウンドから追い出され、宿に帰された。この一件で反省し、面と向かって言えない悪口は絶対言わないと〝決心〟したが……。

俺はプロ野球を目指していたが、4年生の6月にはゼネコンの熊谷組から内定をもらっていた。他の社会人野球企業からも引く手あまただったが、法政の先輩がいて誘ってくれたのと、東京以外に行くのは嫌だったため、東京に本社がある熊谷組を選んでいた。

「万が一、ドラフトでどこからも指名されなくても、社会ノンプロでチャンスを待てる」

これで、どこか安心してしまったのかもしれない。

そして、またしても不運がやってきた。大学野球の最後のシーズン、4年の秋季リーグ戦に向けて練習している時期のこと。

きっかけは、ある1年生部員の親が「上級生のシゴキがひどい」と抗議してきたことだ。この親は今でいう「クレーマー」で、何かにつけてクレームを入れていたらしい。

俺は体罰やシゴキは〝必要悪〟だと思っている。しかし、自分がやられてきただけに、その苦しさは誰よりもわかる。

ただ、スポーツで食っていくのは、生半可な決意ではできない。どんな逆境も、自力でどうにかするしかない。だから俺も、あらゆる知恵をしぼって先輩に〝復讐〟したり、殴られないようにしてきたのである。それを、親に言いつけてなんとかしてもらおうという根性には、正直、開いた口がふさがらなかった。

松永監督は4年生全員に集合をかけ、「シゴいたのは誰だ」と問い詰めた。シゴいたのは、キャプテンと副キャプテンだった。監督は「親から聞いた」とは言わず、「観戦していたお客さんから通報があった」と前置きし、烈火のごとく罵りはじめた。

「お前ら、どういうつもりだ！　そんなことをやってるから強くなれんのだ！」

しかし、体育会においては、下級生を教育することは、ある意味、2人の役目である。それが伝統だと、監督自身よく知っているはずだ。それなのに、きれいごとを言う。

ひと言ふた言のお説教で「わかったな」と、シャンシャンでお開きになるならまだいい。まるで見せしめのように、2人への説教が延々続いた。

（まあ、俺には関係ないや）後方で腕を組んで、黙って聞いていた。

しかし、10分20分は我慢したが、30分も続くと、もう限界だ。

またしても俺の悪い癖。怒りの感情がむらむらと立ち上ってきた。

（アンタだって俺たちをシゴいたじゃないか。試合に負けた日、神宮から寮に帰っても、グラウンドに俺たちを連れて行って延々と走らせたじゃないか。ケツバットを食らわせたり、1、2年生に八つ当たりしたこともあるのに、こんなことでいつまで説教してるんや！）

こうなると、もう俺は黙っちゃいられない。ついに声をあげた。

「ちょ、ちょっと待ってください！」

「なんだ、お前は」

「いや、監督だってさんざん俺らにやったじゃないですか」

「黙れ！　だいたいお前はなんだ。そうやってまた俺に逆らうのか！」

「いい加減にしてください！　冗談じゃないぜッ！」

その瞬間、「まずい！」と思ったが、あとの祭り。

俺は本当にみじめだった。監督にはガッカリした。また、俺に同調して声をあげるヤツが一人も出てこないチームメイトにも。

いま思えば、人生においてはその程度の不条理はいくらでもある。理不尽なことを言う上司は山ほどいるし、そんな上司にゴマをする連中はどこの世界にもいるものだ。しかし、俺は不条理をそのまま見過ごせない性格だった。それは今もそうだ。監督に暴言を吐いてしまったのだから、ある程度のペナルティは覚悟していた。そして、悪い予感は最悪の形となって的中してしまった。

2週間後、秋季リーグ戦の前日。寮の食堂に、ベンチ入り選手のユニホームが並べられた。そこに俺の背番号「11」は、なかった。ユニホームは与えられなかったのだ。

つまりベンチ外、戦力外通告だ。

4年春までにマークしたのは、通算6勝だったか。正確には覚えていない。実のところ、初勝利の記憶もない。数字は追い求めないタイプだった。同学年の山中正竹が最多勝利記録の通算48勝を残したのとは、あまりに対照的だ。

4年秋のリーグ戦は、ドラフト指名への〝審査会〟ともいえ、プロ入りへの最も大切なシーズンだ。しかし俺は、そのチャンスを失ったのだ。

俺の東京六大学野球は、あえなく幕を閉じた。ゲームにも出られないのに、プロへの扉が開かれるはずもない。

しかし俺は「プロのスカウトの目は節穴か？　いったいヤツらはなぜ俺を見ないんだ」

と恨んでもいた。悪いのは俺ではない、他人のせいだ、と思い上がりの勘違いをしていた。

フィリピン・バンドの送迎でバイト三昧

意外なところから〝スカウト〟されたのは、その直後だった。

寮の近くにある行きつけの治療院で、腰痛のケアを受けていたときだ。

「いい若いモンがブラブラしてちゃダメよ。野球してないんなら、アルバイトしなさい」

いつも面倒をよく見てくれた治療院のオバチャンに諭された。

「運転免許を持ってるなら、アルバイトしなさい。紹介するわよ」

そのバイト先は、フィリピン・バンドなどの芸能プロダクションだった。

幸い、熊谷組の内定はもらっていたし、実際やることもない。クサクサした気持ちを晴らしたいと思っていたこともあり、そのオフィスに行った。

「キミ、英語はしゃべれるか?」と芸能プロの社長に聞かれ、ほとんどできないにもかかわらず、「なんとかなると思います」と、適当に答えた。

フィリピン出身の各グループは東京・原宿の一軒家で、共同生活をしていた。そこから銀座、赤坂、六本木へと順番に送迎する。仕事はキツかったが、楽しかった。5つのバンドを掛け持ったこともあり、夜の6時から早朝5時まで働いた。

欧米からもバンドは来ていたが、フィリピン・バンドは引く手あまただった。彼らは黒人のソウルに最も近く、ロック、バラードと何でもこなす。英語もペラペラで、演奏も歌もレベルが高い。彼らの生演奏が聴けるのが何よりも楽しみになった。

ナイトクラブやジャズ喫茶が盛んな時代。銀座で飲んだ金持ちの客が、女の子を連れ出して遊ぶ場所が、赤坂や六本木だ。今と違って、居酒屋などない。チャラチャラした若者もいない。大人の、シャレた街だった。

年末まで約4カ月、ほぼ毎日ワゴン車のハンドルを握った。バイト料は月3〜5万円。グループと一緒に、フィリピン人のまかないのオバチャンも住み込みで働いていて、俺もよく本場のフィリピン料理をごちそうになった。魚を多目の油でジャーッと揚げるようにして焼き、濃いタレをかけてご飯の上でほぐした料理など、貧しい食生活が続いた身には本当にありがたかった。

もともと俺は音楽好きだ。ビートルズが来日したのは、1966年で大学1年のとき。バリバリのビートルズ世代だ。現役時代から休日には新宿や横浜のライブハウスに通っていたし、今でも楽しみは出張のたびの全国のライブハウス巡りだ。プロ野球選手になれなかったら、もしかしたらミュージシャンを目指していたかもしれない。

大学でも、同学年の苑田邦夫、黒田正宏（のちに南海など）、堀井和人、下級生ら相手にウロ憶えのギターを持って、ポップスやビートルズなどを口ずさんでいた。中には「エモ、どこでギターと英語をマスターしたんや」と感心するヤツもいたほどだ。ギターはともかく英語はシャレで歌ったりで、適当にそれらしく発音していただけだ。

クサクサした気持ちと焦燥感と

そのころは、寮に籍を置きながら、近所にアパートも借りていた。四畳一間で家賃は5000円。バンドの送迎を終えて、帰ってくるのが朝の6時。昼まで眠って、午後1時、練習が始まるとき、後輩に自転車で迎えにきてもらい、練習に合流する。

かといって、こちらは干された身。練習にも熱が入らない。チョコチョコッと体を動かし、15分もすると切り上げ、また自転車でアパートまで送ってもらう。レギュラー練習が終了する午後3時にまた、自転車でかけつけ、柔軟体操だけして、ハイ終了。

「江本はすぐ、いなくなるなあ。どこに行ってんだ？」

松永監督も気付いていたようだが、どうせ戦力外だからそれ以上はなかった。なんせ俺は一滴も酒を飲まないのに、「江本は大酒飲み」と、4年間思い込んでいたほどの監督だ。

年が明けて、1月から2月にかけては、別のアルバイトをした。東京・新宿の京王デパートにある和食屋。野球部のマネジャーの母親がやっていた店だ。

初日から「ウエイターの服を着て」といわれ、いきなり客の前に出された。ところが制服がパッツンパッツン。190センチ近い体に合う服など、あるはずもない。

窮屈な格好のまま食券をちぎり、トレーに乗せて、うどんなどを運ぶ。それはそれで楽しかった。何といっても、まかない料理をたらふく食えるのがありがたかった。

さて振り返ってみると、浮いたかと思えばすぐ沈み、何をやってもうまくいかなかった高校、大学時代。7年間のうち、本格的に野球に打ち込めたのは実質5年しかない。

周囲をみると、エリート選手でも何でもない連中がドラフト上位で指名され、続々とプロ入りを決めて行く。俺はそいつらより確実に上のはずなのに……クサクサした気持ちと焦燥感が俺を苛んだ。

しかし、アルバイトに打ち込んでいるときだけは、そうしたマイナスの気持ちからは解放された。それに、野球ばかりやっていたら絶対に経験できないことをやれたのは本当によかったと思っている。世間を知ることができたし、人々の温かさに触れることもできた。

野球を離れて客観的に自分を見つめなおす時間をもてたことは、俺にとって大きな財産だった。

とはいえ、ふとした拍子に野球のことを思い出してしまう。そして、自分をこう奮い立たせた。

「俺は絶対やれる。必ずプロ入りしてみせる。そして、プロで活躍してみせるぞ！」

公衆便所の入札

1970年3月下旬、熊谷組での生活が始まった。初任給2万8000円、プラス野球部手当1万円で、月に合計3万8000円だった。

最初の配属先は営業本部調査課というところだった。何をする部署なのか、さっぱりわからないまま、すぐに東京建築支店工事課に移った。さらに同庶務課へ。1年間で3部署に回された。

職場は飯田橋だが、野球部の寮とグラウンドは田無市（現・西東京市）にあった。俺たち野球部員は昼まで仕事をした後、午後は田無に戻り、練習をしていた。

当初の田無寮は、資材置き場の中にあって、工事現場のオジサンたちと一緒の敷地内。

周囲には松林しかない。夕食を済ませ、夜中にまた腹が減ると、街灯もない真っ暗な道を30分歩き、1軒しかないおにぎり屋へ行くしかなかった。

朝6時半、通勤のバスに乗り込む。シートに座るやいなや、寮のオバチャンが用意してくれた弁当をかきこむ。仕事は昼まで。会社近くで昼飯を掻き込み、戻って練習だ。

怠けグセがついて寝過ごし、午前中の仕事に遅れる日もある。すると会社の古株のＯＬから電話がかかってくる。

「アンタ何してんの！　支店長、怒ってるわよお〜」と怒鳴り声。

「もう勘弁してえな。僕は野球をしに来ているんですから……」そう思いつつ出勤する。

しかし、会社員としての仕事はそれなりにやらされた。工事課では各作業所の資材を管理。クレーン車などの重機から鉄パイプまで、用具の数をチェックする係だった。

なかでも足場のパイプは重要だった。管理が厳しく、一本でも数が合わないと、大変なことになる。学生運動、デモ、内ゲバが多発していた時代。鉄パイプは凶器になる。大学1年のとき、ボールが1個足りないといってビンタされていたのとは責任の次元が違う。

庶務課では、なんと公共工事の入札にも行かされた。会社の封筒を携えて、当時有楽町にあった東京都庁に行けと言われた。たしか大井町の公衆便所の建設だった。

ゼネコンから中小企業まで担当者がズラリと揃った室内はダラッとしていたが、役人がふんぞりかえっていて、「エラそうに!」と反発を感じたことを、今でもよく覚えている。入札は無事に終わったが、後日、この公衆便所は近隣住民の反対運動で建設は立ち消えになってしまったらしく、拍子抜けした。しかし、入札に行ったことがあるプロ野球選手なんて、俺くらいのものだろう。

プロ野球へのあこがれ

そんな日々を過ごしながらも、もちろんプロ入りへの意欲は捨てていなかった。会社がある飯田橋からひとっ走りの距離に、巨人の本拠地・後楽園球場がある。当時、7回以降は入場無料だった。入社した年の6月以降は、寮だけ飯田橋に移転していたので、田無のグラウンドで練習を終えると、夜、飯田橋の寮に戻り、その足で観戦に行けた。

スタンドに登ると、目の前にはカクテル光線に浮かび上がる緑の芝。その美しいグラウンドで、あこがれの長嶋茂雄さん、王貞治さんらが躍動している。

1970年の巨人軍は、川上哲治監督のもとで「9年連続日本一」を驀進中だった。のちに俺がプロ入りし、V9の最後の年に巨人相手に投げることになろうとは、そのときは想像だにしなかった。俺は観戦しながら、自分を奮い立たせた。

伝統のカード、巨人・阪神戦を観戦したときは、感動と興奮も倍増した。巨人打線に立ちはだかるのは、阪神のプレーイングマネジャー（選手兼任監督）、村山実さん。ベンチで戦況を見つめ、ここぞの場面でアンパイアに歩み寄り、自分を指さし、大声で告げる。

「ピッチャー、村山！」リリーフ登板だ。その姿が、なんともいえずカッコよかった。

実は中学時代、初めてサインをもらったプロ野球選手が、村山さんだった。高知市内のキャンプを見学に行ったら偶然、目の前を歩いていて、学生手帳に書いてもらった。それだけで感動した。

村山さんのボールを受けていたのは、法政の1年先輩、田淵幸一さんだ。

「絶対に、この舞台に立ってやるぞ！」

そしてノンプロのシーズンに入り、やっと調子も戻ってきた。4年の秋を棒に振ったのは、調整不足とシビアな性格の監督に使ってもらえなかったからで、不調や故障からではない。チームからも期待されていた。

「よし、今度こそ、俺の実力を見せつけてやる」

まずは社会人野球のひのき舞台、真夏に後楽園で行われる「都市対抗野球」に、照準をピタリと合わせた。ここでアピールに成功すれば、ドラフトでの指名は間違いない。

ホンモノの挫折感

ところが、またしても運命のイタズラがやってきた。

都市対抗の東京都予選が始まる3、4日前。突然、猛烈な腹痛に襲われたのだ。あわて田無のある病院に駆け込んだ。

「キミ、これはすぐに手術しないとダメだ」と、お医者さん。

「しゅ、手術って、何ですか？」

「急性虫垂炎だよ」いわゆる盲腸炎ということだ。

翌日、手術。ひとりぼっちで心細いこと、この上ない。

麻酔は下半身だけ。手術台のシーツの隙間から看護師さんの手をつい握ってしまったが、看護師さんが手術が終わるまで手を握っていてくれたのが救いだった。

手術が終わり、麻酔が切れると、痛いのなんの。隣の病室からもうめき声が聞こえた。

4日目。小学校時代からの親友が心配して見舞いに来てくれた。高校卒業後、彼は高知市教育委員会に入ったのだが、俺が「東京に出てこいよ」と言うと、東洋大学陸上部に入った。ずっとひとりで心細かったので、安心した。病院を抜け出し、まだ痛む腹を押さえながら、田無駅前で2人でパチンコをしたのを覚えている。

もう都市対抗の予選は始まっていた。チームは東京都の第3代表の座を確保してくれた。俺も徐々に回復し、なんとか投げられるようになった。

本戦の1回戦。「せっかくだから、江本も最後に投げさせてやろう」と言われ、マウンドに立った。1回を無失点。それが都市対抗、唯一の登板になったが、いい経験だった。

その後、秋の大会では調子がよく、完投勝ちなど成績もよかった。

「これならドラフトでどこかのチームから声がかかるやろ」自信と期待を高めた。

しかし、1970年11月のドラフトで、俺の名前が読み上げられることはなかった。ドラフト候補に入っていれば、事前に接触があるのが普通だが、それもなかった。

「ああ、どこもダメかあ……」当然ながら、ガックリきた。このとき初めて、ホンモノの挫折感を味わった。

「俺の野球人生、もうこれで終わったかな」

ドラフトから少し後の11月25日、作家の三島由紀夫さんが自衛隊の市ヶ谷駐屯地で割腹自殺を遂げたことも、俺の心に微妙な影を落としていた。

飯田橋の会社でニュースを聞いたとき、俺は妙な胸騒ぎがして、なぜか市谷の近くまで走って行った。だが、途中から足がすくんでしまい、立ち止まってしまった。

あのとき足がすくんでしまったのは何だったのだろうと、いまでも不思議に思う。三島さんは45歳だった。俺は来年、24歳。世間的には若くとも、今年を逃したら、もうプロ入りの機会はないだろう。俺はプロの世界から見放されたことを恨んだ。

「俺ほどの選手を放っておくとは、なんてスカウトは見る目がないんだろう」

筑土八幡神社で聞いた「神の声」

深まり行く晩秋。毎日会社に行く道すがら、近くの筑土《つくど》八幡神社の石段に腰をおろし、ボーッとしていた。

「お参りしたって、無駄だろうな。もうプロ入りの願いは叶わないだろうな……」

まさにそのとき、「神の声」が囁いた。

「エモト、お前はアホや！　お前みたいな男を認める球団がどこにある。バカモノ！」

はっきりと、そう聞こえたような気がした。いや、正確に言えば、神様がそう言ったというより、悩みに悩んだ末、ハタと自分で気づいたのかもしれない。

「そりゃそうだろうな。表へ出てロクに活躍もしなかったのに、誰も認めるわけないやろ。アホンダラや」そこにやっと気がついたのだ。

俺は思い上がっていた。ずーっと「俺ほどの選手なのに」という思いにとらわれ、勝手に不遇感をつのらせていたのだ。

しかし、どんなに素質がある選手でも、スカウトの目に留まらなければ、無名のまま。そんなアタリマエのことに、やっと気づいたのだ。そして、こんな考えが浮かんだ。

「よし、こうなったら、こっちからプロの門を叩いてやろう。2月1日の春季キャンプで、片っ端から入団テストを受けさせてもらおう」

俺は完全に開き直った。翌日から会社の終業後、ひそかに神社の階段を走りはじめた。プロ野球選手名鑑を毎晩読み込み、受けるチームを検討した。

そんな中、法政の前任監督で当時ロッテのスカウトをしていた田丸仁さんが「ウチに来いや」と誘ってくれた。年俸650万円という好条件まで、内々に提示してくれた。

本当にありがたい話だったが、即答はできなかった。なぜなら当時のロッテには、200勝投手の小山正明さん、成田文男さん、木樽正明、村田兆治と、エース級がゴロゴロいたからだ。

「これはかなわん！」先発ローテーションに食い込むのは至難の業だと、あきらめた。

その後も名鑑とにらめっこしながら、ピッチャーが手薄なチームを探し、どうせならと、地元の高知・安芸でキャンプを張る阪神に狙いを定めた。そこからテスト行脚をスタートさせようと決めたのだ。

そしてプロ入り

テストを受けるため会社に休暇届を出そうと考えていた翌1971年、キャンプ直前の1月下旬、会社の寮に思いがけない電話がかかってきた。

「あんた、ウチに来る気はないか？」

東映フライヤーズ（日本ハムの前身球団）のスカウトからの誘いだった。ドラフト2位で指名した選手が入団拒否したため、欠員が出たという。

「こんなことがあるのか！」俺は文字通り、飛び上がった。

「行きます！」二つ返事で、ＯＫした。

しかし、いちおう周囲に相談したところ、ことごとく反対された。

「お前みたいなヤツにプロはムリ」「スカウトに騙されているぞ」……。母親からも「熊谷組のような立派な会社に入れて、将来も安定しているのに、やめといたら」と言われた。

最後にオヤジに相談すると、「お母さんやいろんな人が心配して反対するのもわかるが、ここは悔いが残らんようにせい」と、唯一、賛成してくれた。

会社の上層部も、俺の決意の固さをみて、最終的に「こんなチャンスはそうない。プロで頑張りなさい」と送り出してくれたのはありがたかった。

2月15日の朝。東京・日本橋の東映球団事務所。チームはすでにキャンプに突入しているため、事務所には球団代表と職員2人ぐらいで閑散としていた。

静まり返った部屋で、契約金400万円、年俸120万円でサインを交わした。ついに、プロ野球選手になったのだ。

契約金は税金を引かれて、手取り330万円。給料は手取りで月に8万9000円。ロッテの田丸スカウトから提示された年俸650万円とは違ったが、「プロで投げられるなら無給でもいい」と思っていたくらいだから、カネの問題ではなかった。

当然、事務所にはマスコミもいなかった。翌日、一部のスポーツ紙に「東映　江本ドラフト外入団（熊谷組）」と、たった2行、載っただけだ。

見てくれている人は必ずいる

後で知ったことだが、俺の東映入りのウラにはこんなことがあった。

法政出身のスポーツ紙記者が俺を見ていてくれて、欠員を埋めるために選手を探していた東映のスカウトに「今はくすぶっているけど、背が高くてボールの速いやつが熊谷組にいる」と、俺を推薦してくれたのだ。

何気なく俺の名前を出してくれたのも、少しずつ運が向いてきたのかと、少し希望も出てきた。そう考えると、高知商、法政大にいたからこそプロになれたと、感謝した。人の縁は不思議だ。考えもしない同級生、先輩、先生などが力になってくれることもある。

また逆に、ことごとく衝突した松永監督だって、恩人であることに違いはない。

そしてもうひとつ、確かなことを学んだ。

単なる「思い上がり」はよくない。しかし、思い込めば最後に実を結ぶ。プロへ入るという、強い一念があったからこそ、最後に道が開けたのかもしれない。

球団事務所で契約のサインを終えると、その足でキャンプ地の静岡・伊東スタジアムに直行した。

こっちも気がはやっている。身の回りの物を詰め込んだバッグひとつを提げて、事務所を出ようとすると、職員に「あ、ユニホームを持っていかないと。そのへんにあるから、好きな背番号、持って行って」と呼び止められた。

事務所の片隅に並べられたユニホームは、「83」とか「79」とか、現役選手が着けるものとは思えないような背番号ばかり。今よりも1チームの人数が格段に少ない時代だったが、ドラフト外の新人に、良い背番号など用意されるはずもない。

もう少し、若い数字はないものかと探したところ、「42」と「49」の2種類を見つけた。「死に」と「始終苦」だ。どっちでもかまわん。49を「ヨクなる」と縁起のよい方向に解釈して、49番を手に取った。

東京駅から、伊東へ向かう新幹線では偶然、大昭和製紙の安田猛と会った。同学年で、同じ東京六大学の早大出身。のちにヤクルト入りするピッチャーだ。

「どこへ行くの？　伊東？　どうして？　東映のキャンプ？　何しに？　えっ、きょう入団？　そんなことあるのか!?」と安田は目を白黒させていた。それほど珍しく、あわただしいプロ入りだった。

バッグひとつを引っさげて、不安ながらもキャンプ地へと向かった。すでにキャンプは

2月1日から始まっており、半月遅れの合流だ。

でも、なんとかやらなければ。高校時代は甲子園出場権を得て、大学では神宮で胴上げ投手となり、社会人の都市対抗野球でも1イニングとはいえ投げた。アマチュア時代は、いわば野球の〝フルコース〟を経験してきたわけだ。ちょっとやそっとじゃビビらないだけの度胸はある。しかも、体調はいい。きっと、やれる……。そう思いながら車窓の風景を眺めていた。

だが、俺はキャンプ地到着早々にプロの洗礼を浴びることになる。

第3章　プロの洗礼

東映フライヤーズ時代

念願かなってようやくプロ野球のマウンドに立てた頃

〝牢名主〟張本勲

東京・日本橋の球団事務所を出て伊東スタジアム内のホテルに到着したのは、2月15日の夕方だった。練習はもう終わっていて、まずは部屋に通された。

ふすまを開けると、十畳の広間に約10人の若手選手。せんべい布団がうずたかく積まれていた。全員、俺より先にプロになっている。皆、「誰だ、こいつ？」という憎たらしい目をしてこちらを睨んでいるように見えた。内心、「この野郎！」と、生来の負けん気がムラムラとわいてきた。

夕食後、高知商と法政の先輩のピッチャー、山崎武昭さんから伝令があった。

「おい、ハリモトさんが呼んでいるぞ」

「ハリモトさん!?」首位打者七度。日本プロ野球最多の通算3085安打の大記録を打ち立てた、あの張本勲さんである。当時からパ・リーグの顔役のような存在だった。

ここで、当時の東映がどんな雰囲気のチームだったか、ちょっと説明しておこう。

たとえばゲームの移動で新幹線のグリーン車を使うと、他の乗客が全く入ってこない。グリーン車を通り抜ける人もなく、デッキに近寄ろうとする人さえいない。

乗客が、おそるおそる車掌にこう尋ねていたのを見たことがある。

「あの方々、どちらさんですか？」

「東映のみなさまです」

「あ、任侠映画の役者さんでしたか。道理で……。いやあ、ホッとしました！」

野球のチームではなく、ヤクザ映画のほうの「東映のみなさま」だと、乗客は誤解していた。それほどコワモテの選手、ヤクザ顔負けの首脳陣が揃っていたわけだ。

さて、その筆頭格の張本さんからの呼び出しである。法政時代の「集合」とは、比較にならない緊張が走る。

俺は不安な気持ちでオズオズと張本さんの部屋へ向かった。

「失礼いたします。きょう入団しました江本と申します。よろしくお願いします」

深々とお辞儀し、恐る恐る、顔を上げる。

すると目に飛び込んできたのは、座布団を何枚も重ねてどっかりあぐらをかいている、まさに〝牢名主〟のような張本さんの姿だった。存在感たっぷり、しかも十畳はあろうかというだだっ広い部屋を1人で占有している。

「まあ座れや」と、手招きされ、かしこまって正座する。

座るやいなや、意外な言葉が飛んできた。

「おい、お前なあ、もうケンカしたらアカンで。ここへ来たら、しっかり野球するんや」

「イ、イエ……ハ、ハイ、そ、そんなことは、いたしません」俺はもうビビりまくりだ。

いまから思えば、張本さんは、山崎さんや同じく高知商の先輩の投手、高橋善正さんから、俺の直情径行な性格を聞いていたのだろう。そして「問題を起こされても困る、まずはコイツに一発かましておこう」と考えて、初日からクギを刺したのだろう。ただ、そのときはそんなことまでアタマが回る余裕がない。

その後、「ここのしきたりはなあ」「この世界ではなあ」と、いくつか教訓めいた話をしてくれたが、ほとんど耳に入ってこない。

「……わかったな。よし、帰れ」

ようやく解放されて立ち上がり、部屋を後にしようとしたとき、「待て！」のひとこと。

（ギクッ！）

「これ、持てるだけ持ってけよ」なんと張本さんは、お菓子の詰め合わせの箱を指した。

外では、山崎さんが心配そうな顔で待っていた。大広間に戻ると、「おい、大丈夫だったか？　何で呼ばれたんや？」と、部屋の全員が集まってきた。まさかの入団初日の呼び出しは、前例がなかったから、みな興味津々だ。

「これ、おみやげ」両手で抱えたお菓子をばらばらと畳の上に落とす。

「張本さんからもらったのか？　すごいな、お前。今までお菓子もらったヤツなんていないぞ」と、みな口々に驚き、お菓子を分け合った。

ムズ痒い洗礼だったが、ともあれこの一件が俺のプロ生活のスタートだった。

キャッチボールの相手は新聞記者

翌16日から練習に合流。しかし、チームメイトより調整が遅れていて、焦りもあった。

たとえばキャッチボール。1月の自主トレから2月のキャンプにかけて、どのチームでもキャッチボールの相手は固定されていく。しかし、中途参加の俺に、その相手はいない。

しかたなく、全体練習後の日が暮れる前、フェンスを壁がわりにして、投げてはキャッチ、投げてはキャッチを1人でやっていた。そんなとき、背後から声がかかった。

「おいエモト、キャッチボールの相手、いないんだろ？　俺でよかったら相手するよ」

声をかけてくれたのは選手ではなく、なんとサンケイスポーツの東映担当記者だった。

高校時代にちょっと野球経験があるのが自慢で、キャッチャーだったということで、声をかけてくれたのだ。それほど上手なわけではなかったが、その気持ちがうれしかった。

当時、担当記者はほぼ自由にグラウンドに足を踏み入れられたし、キャッチボールだけでなく、ノックの球拾いなども手伝っていた。いわば仲間のような関係だった。

しかし最近では記者を警戒し、まるで敵のように扱う球団が目につく。だが本来は、持ちつ持たれつ。報道と宣伝あってこそのプロ野球人気ではないか。そこを忘れている。

人の縁とは、面白いし、ありがたい。この記者は、のちに俺が阪神で例の騒動を起こし、現役を引退したときも、声をかけてくれることになる。

フリー登板で絶体絶命の危機

キャンプに合流して、3、4日後。今度は田宮謙次郎監督の部屋に呼ばれた。

(プロの監督はどんな人だろう?)そう思って部屋に入ると、別の意味で目が点になった。

(エッ、監督なのにこんな狭い部屋?)

張本さんは十畳はあろうかという大部屋だったのに、監督は六畳一間ぐらい。選手の方がVIP扱いである。あまりの落差に気をとられ、監督の話は耳に入ってこなかった。

(これがプロの世界なのか!)

俺は瞬時に悟った。実力があって実績を重ねれば、年齢や年数など関係ない。どこまでも上にいけるし、逆に、どこまでも追い抜かれていく。俺はそういう世界に入ったのか。改めて、身が引き締まる思いだった。

その張本さんやコワモテの先輩選手さえも恐れている人がいた。

「ピッチング・コーチにだけは、絶対逆らうな。短気を起こして、歯向かうなよ」

ピッチング・コーチとは、土橋正幸さんである。現役時代、「江戸っ子エース」として活躍し、ヤクルトと日本ハムで監督も務めた熱血漢だ。高橋善正さんにはこう忠告された。

「土橋さんには5、6人ぶっ飛ばされている。5メートルぐらいぶっ飛んだヤツはいくらでもいるぞ」

関取なみのゴツい体、いかつい顔、ギョロリとした眼光を見れば、言われずともわかる。

その4、5日後、土橋コーチから声がかかった。

「お前、あとから合流して調整が遅れてんだから、早く投げられるように今日からフリーバッティング投げろ！」

合流して1週間経っても他人より遅れているため、フリー打撃に登板しろというのだ。

調子はイマイチだったが、投げるしかない。初めて相手にするプロの打者を見て、またビビッた。パ・リーグのホームラン王の大杉勝男さん、白仁天さん、そして張本勲さん……主力バッター3人ではないか。

大杉さんは乱闘になったとき、外国人選手をパンチ1発でノックアウトしたことで有名な暴れん坊だ。白さんは韓国出身で、若手を集めては軍隊仕込みの「ほふく前進」の特訓をさせる、鬼軍曹のような人。そして、張本さん……。ビビるな、という方が無理だ。

一度、大杉さんと白さんがロッカールームで壮絶なケンカをしたことがある。張本さんが割って入って、なんとかおさめたという。ともあれ、これはプロ野球界で俺が見聞きしたケンカの中でもダントツナンバーワンの迫力だった。

さて、肝心のピッチングだが、案の定、調整不足もあってストライクが入らない。大杉さんと白さんには10球続けてボールという、トンでもないノーコンぶりを見せてしまった。ストライクを狙っても、入らないのだ。

フリー打撃は、バッターに打たせるのが主目的だ。まして、ベテランや主力には、気分よく打っていただくのが礼儀というものだ。

大杉さんと白さんが、烈火のごとく怒るのも、当然だった。

「バカ野郎！」「アホか！」「ストライク入らんヤツが、プロのピッチャーか！」

2人にはボロクソに貶され、しまいにはバットとボールが飛んできた。

途方に暮れて、マウンドの周囲をめぐる。深呼吸して横を向くと、土橋コーチが「しっかり投げろ!」と睨みつけている。とてもじゃないが、交替させてくれそうにはない。

コテンパンにされたところで、最後に張本さんが左バッターボックスに立った。

「これで失敗したら、もうやめよう」ビビッた俺は、本気でそう覚悟した。

張本さんが教えてくれた「一流」と「超一流」の差

第1球。「アカン、やっぱり外れた。ボールや」……クビを覚悟したその瞬間。

「カッキーン!」張本さんが、バットを出して、打ってくれた。

それ以降、張本さんはバットが届く範囲のボールはことごとく弾き返してくれた。

高かろうが、低かろうが、アウトコースに外れようが、インコースに外れようが、体にぶつかりそうなボールまで、右手1本で打ち返す。片手、両手、ライト方向、レフト方向、センター方向、自由自在。手品のように、カンカラカンカラ、弾き返す。

そのうち俺も、気が楽になった。カタさがほぐれて、ストライクが入るようになった。

「助かった!」ホッとして、初日はなんとか張本さんのおかげで投げられた。

その後は自信も回復し、紅白戦で調子も上がった。その結果、キャンプを順調に過ごし、3月からはオープン戦で1軍。公式戦でも開幕1軍入りを果たした。

俺はこの年に入団した中では、100人いたら100番目の選手だ。ドラフト外として、最後の最後にプロ入りしたルーキーが、開幕1軍に食い込むことができたのも、あのフリー打撃があったから。これはすべて張本さんのおかげ。間違いなく、大恩人の一人だ。

この経験を通じ、俺は張本さんから貴重なことを学ばせてもらったと思っている。

世の中に「一流」の人はたくさんいる。だが「超一流」と呼ばれる人は、そうはいない。

その差は、どこにあるのか。

「一流」は、自分の力で光り輝ける人だ。ただ、その輝きは、その人だけしか輝かせない。悪く言えば、自分だけ輝いてそれでおしまい。他人のことはどうでも構わない。

一方、「超一流」は、自分が光り輝くだけでなく、他人の長所もうまく引き出すことができ、一緒に輝ける人。わかりやすくいえば、「自分と共にみんなを生かせる人」だ。

張本さんは、間違いなく「超一流」の人だった。俺は初日のメチャクチャなフリーバッティングでの投球で自信喪失していたところを、打席の張本さんに操られ、見事に立て直してもらったのだ。いままでの野球人生で、こんな凄い人はいなかった。

そして俺はその後、野球以外の世界でも、次々に「超一流」の人物に出会い、その凄まじさを目の当たりにする。社会人として、また芸能や政治の世界においてもだ。

さて、シーズン入りし、すぐに俺はプロの厳しさに直面した。せっかく張本さんのおかげで回復した自信は、またすぐに喪失することになる。それも投手として正真正銘の勝負の場であるマウンドで。

あわれ2軍落ち

忘れもしない。記念すべきプロ初登板は、惨めなものだった。

1971年4月11日、福岡・平和台球場。相手は西鉄ライオンズ（西武の前身球団）。東映の先発が打ち崩され、西鉄が大量リードの7回裏。

「お前、行け」土橋コーチから突然の初登板指令が下された。

「えっ、こんなところで？」

まさかこんなに早く使われるとは思いもせず、マウンドへ向かう。

サードベースを越えたあたりから、頭がボワーッとする。というのも、グラウンド、スタンドの空気が、オープン戦とはまるで違っていたからだ。

ミットを構えるキャッチャーも、打席に入ってくるバッターも、頭から湯気を出しているようだ。アンパイアも、マスク越しにのぞく目から、光を発射しているように見えた。何より、内野スタンドを埋めた客の目が、一様に血走っている。凄まじい緊張感だ。

しかも平和台球場は、当時のプロ野球球場の中で、最もガラの悪い球場だった。興奮した客が、グラウンドに一番近いベンチの屋根の上に陣取る。その足が、選手の頭上でぶらんぶらんと揺れている。

日本酒の一升瓶を抱えて観戦している客は、ビジターチームが得点でもしようものなら、一升瓶をガチャーンと叩き割って叫ぶ。ガラスの破片が、選手の頭上に降り注ぐ。危ないったらありゃしない。

客同士がケンカしたり、ビジターチームの監督や選手の頭めがけてモノを投げつける、罵声を浴びせる。野球観戦に来たというより、ケンカしに来たみたいだった。

そんな雰囲気の中、ゲーム中のプロ野球選手たちは生活をかけ、金を賭け、命を懸けている。その迫力に、気圧された。これほどのプレッシャーは、アマチュアにはない。初登板の第1球を投げる前に、頭の中が真っ白になってしまっていた。

ふと気が付いたら、俺はベンチに座って呆然としていた。我にかえり、記憶の糸をたぐっていくと……フォアボール、フォアボール、ヒット。あっという間に2点取られ、ノックアウトされていたのだ。

そんな厳しい球場で残念な結果になったのも、あとから考えれば、無理もない。

その後も何試合か投げたが、自信を再び失っていて、調子は上がらない。ついに6月。試合中のベンチで、田宮監督に通告された。

「明日から多摩川に行け」

多摩川とは神奈川・川崎市にある東映多摩川グラウンド。「2軍落ち」を意味していた。

缶詰オトコ

2軍の練習場は、多摩川の川崎側の河川敷にある。これぞ2軍の練習場という、絵に描いたようなわびしい場所だった。

対岸の東京・田園調布側には、巨人の多摩川グラウンドが見える。高級住宅街、田園調布の高台が近く、土手にはファンが鈴なり。食堂や売店まであってにぎわっている。

こちらには、まずファンはいない。たまに近所の老人が散歩に来る程度。売店もなく、ハンバーガーの屋台の車が1台だけ。ぺんぺん草が生えていて、暑い日には、かげろうが立つ。近くを東急東横線が走っている。2軍のイースタン・リーグの試合中、電車が来ると、日光が車体に反射してまぶしくてプレーできなくなり、試合が中断される。

対岸では、「巨人」というブランドだけで、同じ2軍の選手がチヤホヤされている。2軍落ちは自分の実力だから仕方ないが、巨人と東映の格差には、劣等感を覚えたものだ。

この劣等感、ねたみ、ひがみ、そねみのたぐいは、プロの世界で生きる上で、不可欠でもある。勝負事で人と争う以上、必要なものだ。のちに阪神へ移籍し、巨人と戦うようになったとき、敵意むきだしで投げて勝つことができたのも、多摩川での2軍時代の屈辱が大きく影響していたことは間違いない。

当時、俺は月給8万9000円。等々力の風呂なし家賃1万5000円のアパートに暮らしていた。大学、社会人のときと相も変わらず、カネは乏しかった。

ときどき、熊谷組時代にお世話になった東京・飯田橋近くの新小川町商店街に行くと、乾物屋のおやじが缶詰をどっさり分けてくれた。缶詰ばかり食っていたせいか、たぶん栄養不足で練習中にフラフラになったことがある。2軍の監督から尋ねられた。

「お前、痩せてるなあ。力が入ってないなあ。普段、何を食ってるんだ?」

「いえ、まあ、だいたい缶詰です」

以降、俺は2軍監督から「缶詰オトコ」と呼ばれるようになった。

そのなごりか、今でも自宅や事務所に缶詰がないと落ち着かない。とくに好きなのは貝の缶詰。パッカーン、とフタをあけては、貧しかったあの頃を思い出している。

自分を追い込まなければ道は開けない

2軍のイースタン・リーグでは、来る日も来る日も投げていた。というより、投げさせられた。先発をこなした翌日に、リリーフでマウンドに送り込まれることも。

無理もない。2軍にはピッチャーが3人しかいないこともあった。高橋直樹さん、日高晶彦、そして俺。以上。毎日のように、投げざるをえなかったのだ。

こんな無茶、今ではとても考えられない。当時でも、対岸の巨人2軍にはピッチャーが20人くらいいた。いかに過酷な環境だったか、わかってもらえるはずだ。

コーチも、先発ピッチャーが2、3点取られた程度では、ベンチから動こうともしない。
4、5点取られて、さすがに限度かなとベンチをチラリと見ると、ピッチング・コーチが重い腰を上げ、マウンドに歩み寄ってくる。
「おっ、やっと交代か！」と、ホッとするのは早とちり。

「いやあ、お前、きょうはボールが走っているな。その調子、まだいけるぞ！」

トホホ……なにしろピッチャーがいないのだから替えられない。妙な激励のされ方をして、尻をポンポンと叩かれる。続投だ。ロッテ戦では、3人で投げて合計21点も取られたことがある。

ただ、そんな日々を送ったおかげで、相当、身体と肩は鍛えられた。体力がつき、スタミナも養われた。悪環境と連投の過酷さ。それらはやがて、マグマのようなパワーとなって、俺の中に蓄えられていった。

最近のピッチャーは1週間に1試合しか投げず、しかも5、6回まで持っただけでヒーローインタビューなど受けているが、それではホンモノの実力はつかない。先にも述べたように、「もう限界だ」と思うまで追い込まれてみて、はじめて「もっと先に限界がある」ことに気づくものだ。

そんなある日、チャンスが転がり込んできた。

7月下旬に名古屋の中日球場で「ジュニア・オールスター戦」が開催されることになっていた。イースタン・リーグとウエスタン・リーグの若手有望株が集う、登竜門といえる大会だ。東映からは、中央大からドラフト1位入団の杉田久雄投手が出る予定だった。

ところが杉田投手が急性肝炎にかかり、試合の前日になって辞退したのだ。

「江本、明日、用事あるか？」2軍首脳から電話が入った。

「何も予定はありません」

「それなら今から名古屋に行け！」突然、俺にお鉢がまわってきたのだ。

（どうせ穴埋めだし、急な合流だから出番もないだろう。雰囲気だけ味わって帰ろう）

俺は気楽に構えていたから、名古屋入りした夜は、知人と朝まで遊んで過ごした。

ところがいざ試合になると、登板のチャンスが巡ってきた。しかも、なぜかこれまでにないほど絶好調だった。このときやっとマグマが噴出したわけだ。

3回を投げて、5三振を奪い、「敢闘賞」をもらった。

そして翌日、すぐに1軍昇格。タナボタのワンチャンスを、しっかりモノにしたのだ。

そのとき、俺は固く誓った。

「もう2軍には絶対行かないぞ。あんなところはもうこりごりだ」

以後、俺は引退する日まで、不調で2軍落ちしたことは一度もない。1カ月半の多摩川ライフも貴重な体験だった。

鬼の土橋の猛特訓

1軍に戻ると、怖い人が手ぐすね引いて待っていた。鬼の土橋ピッチング・コーチだ。毎日の練習メニューは、とにかく半端なものではなかった。

まずウサギ跳び100回、続いてレフトとライトのポール間を全力で10本ダッシュ、さらに腹筋と背筋を500回ずつ。もう下半身はガクガクブルブルと小刻みに震えるほどだが、ここまでは「ウオーミングアップ」にすぎない。

そして上半身の筋肉痛をほぐしながら、フリーバッティングに登板。約40分間、みっちりと投げさせられる。1軍のローテに入るためにはハードトレーニングが不可欠との方針で、徹底的に鍛えられる毎日だ。まさに死ぬほど投げさせられ、何度もぶっ倒れるほど走らされた。

これでお役ご免、のはずがない。とりあえず試合ではベンチ入りする。役目は、いわゆる「敗戦処理」のリリーフ。いつ出番がくるかわからない。負けゲームが多いから、ゲーム後半になるとすぐ登板指令が回ってくる。気も体も休まる日がなかった。

現在の基準からすれば、なんと野蛮なトレーニングかと思われるかもしれないが、これはこれで意味があった。チームにはあの金田正一さんの弟、金田留広投手がいて、俺なんかよりもっと凄まじいトレーニングをしていた。

最近はやたらと「メンタル・トレーニング」が流行りだが、これにも首を傾げざるを得ない。われわれの時代は「練習中は水飲むな」と言われたり（俺はこっそり飲んでいたが）、今から考えれば不条理な部分もあったけれど、これぞまさに自然なメンタル・トレーニングだった。

野球をはじめ、あらゆるスポーツは突き詰めれば「トレーニング中にどれだけ我慢できるか」に尽きる。トレーニングほど単調でつまらないものはない。その単純な繰り返しを我慢することで、メンタルが強くなる。練習でランニングを30～50本やるのはアタリマエ。その間、どれほどつまらないか。3時間も走ったのに、そこからさらにダッシュの繰り返し。誰でもイヤになる。これをどれだけ我慢できるかが、身体を鍛えるのと同時に、メンタルを鍛えることにもなるのだ。

最近はやたら科学的なトレーニングが取り入れられているが、俺は土橋さんの鬼のような特訓のおかげで成長させてもらえたと思っている。

それに、土橋さんは怖いだけの人ではなかった。厳しい言葉の中にも愛情が感じられ、不思議と反発感情は生まれなかった。これぞ人徳だろう。その後、「プロ野球ニュース」

などではよく一緒に仕事をさせていただいた。今日の野球界に、土橋さんのようなカラッとした豪快さと優しさを兼ね備えた人がいなくなったことを、本当にさびしく感じる。

ともあれ、俺は猛特訓のおかげで鍛えられ、全身にパワーが増してくるのを感じていた。8月後半からときどき先発を任されると、7回くらいまでなら2失点、1失点に抑えられるようになり、自分でも力がついてきたことを実感できるようになってきた。

結局、プロ1年目は26試合に登板。0勝4敗で未勝利だったものの、成長株として高評価をもらい、翌年のローテ入りピッチャーとして、チームから期待をかけられた。秋季キャンプは、「江本を先発ローテ入りさせるためのようなもの」とまで言われたものだ。

「よし、これで来季もなんとかなる」俺は自信と希望にあふれて、猛練習をこなした。充実した秋季キャンプを終えたあと、高知の実家に帰郷した。

その時、トンでもない事態が水面下で進行しているのも知らずに……。

突然のトレードで南海へ

『江本トレードへ』

わが目を疑うとはこのことだ。数日遅れのスポーツ紙に、こんな見出しを見つけた。

「あれ？　俺は東映の成長株じゃなかったのかいな？」

まさかのトレード話に驚き、翌朝一番に東京・日本橋の球団事務所に電話を入れた。

「あ、そうだった。こっちに帰って来て」事務所の対応は素っ気ない。

東京に飛んで帰ると、正式に通告された。

「明日から南海ホークスに行ってくれ」……えっ南海？　大阪のチーム？

高知から上京し、6年間。すっかり俺は「東京人」になったつもりでいた。生意気にも、大阪行きは〝都落ち〟の感覚だった。

トレードは2対1。東映からは俺と内野手の佐野嘉幸さん。南海からは高橋博士さん。高橋さんはキャッチャーでプロ入りし、のちに、1試合で全ポジションを守るという、珍しい記録を作った人だ。

球界の暗黙のルールに、ドラフトで指名した選手は、数年はトレードに出さない、というものがある。その点、ドラフト外で入団し、未勝利の俺なら、トレードしやすかったのかもしれない。

仕掛人は野村克也

トレードの仕掛人は、南海のプレーイングマネジャー（選手兼任監督）、野村克也さんだった。このトレードをめぐって、球界ではさまざまな憶測が乱れ飛んだ。

ある説では、「先発ピッチャーが不足し、投手陣の強化の必要性に迫られた野村監督が、シーズン中に江本の素質をひと目で見抜いて獲得した」と言われている。

だが、このトレードの内容を見れば、そんな大それたものではないことは自明である。

しかも、こんな尾ひれはひれまでついて、まことしやかに語られた。

……最初から「江本がほしい」と名前を出すと、足元を見られ、主力選手との交換を要求されてしまう。そこで野村監督はわざとトボけ、「あの背の高いピッチャー、いてますな。あれ、なんちゅう名前でしたっけね。エモト？　そやそや。そのあたりの選手、なんならついでにもらっときましょか？」と、あくまで〝ついで〟で獲得するように芝居を打った……というストーリーだ。よくできた話だが、あやしい。とってつけたような話だ！

だが、野村さんが俺のピッチングを見ていたという記憶はかすかにある。後楽園球場での南海との試合前、野村さんがブルペンのフェンスの後ろからボケーッとこちらを見ていたことがあった。

ただ、そのときに俺が受けた印象は、「ランニングをするのがイヤだから、ちょっとサボりに来た」という程度のものだった。他球団の監督に見られているのは嬉しかったが、獲得を狙っているという雰囲気ではまるでなかったので、これもあやしい。

もっと陰謀めいた説もある。

「野村は自分のキャッチャーとしてのポジションを高橋に脅かされたので、高橋を放出することにした。江本を取るのが主眼ではなく、高橋を追い出すことが真の目的だった」

これが一番あやしくない！　プロ野球界は、本当に作り話が好きな世界だ。

いずれにしても、このトレードは、野村さんの「戦略家」「商売上手」を示す〝伝説〟として語られるようになった。

もうひとつ、世間では「江本は野村監督に発掘され、育てられた」という伝説が流布している。

だが、これは「違う」と断言させていただく。少なくとも、「投げられるピッチャー・江本」に育ててくれたのは、東映であり、土橋さんだ。

土橋ピッチング・コーチの下、俺は１年目、東映で徹底的に鍛え上げられた。そこでマグマのように蓄えられたパワーが、２年目に噴き出すのは自然な流れだった。

そして、たまたまそこに監督として居合わせることになり、「勝てるピッチャー・江本」にしたのが野村さんだった……というのが真相だ。

いわゆる「野村伝説」は、諸葛孔明や空海なみに誇張されすぎているきらいがある。

しかし、野村さんが、ただ者ではないことは事実だ。

俺は南海に移籍し、身をもってそれを体感することになる。

第4章 〝知将・野村克也〞のリアル

南海ホークス時代

野村克也・選手兼任監督（右）と配球の作戦を練る

リンカーンを見せつけられる

突然のトレード通告を受けて東京を後にしたのは1971年12月。何のしがらみもない独身の身軽さで、鍋釜から布団まで、アパートの家財道具一式を愛車のコルト1200に詰め込んで、俺は大阪に向かうことにした。クルマはプロ入りしてすぐに中古を30万円で買ったもので、唯一の大きな買い物だった。

まず向かったのは、東京・飯田橋近くの新小川町商店街。熊谷組時代からなじみのオッチャン、オバチャンに「急に南海に行くことになりました。お世話になりました」と、ご挨拶。例の乾物屋のオッチャンは、餞別代わりの缶詰をたくさんクルマに載せてくれた。出征兵士の見送りのように、商店街の人々がいつまでも手を振って見送ってくれた。

俺は東名高速を走りながら、この6年間の東京生活を反芻していた。不遇の大学時代、熊谷組でプロ入りを誓った日々、そして俺を支えてくれたあたたかな下町人情……。

思わず涙がこぼれそうになった。

目指すのは、大阪・堺市中百舌鳥《なかもず》にある南海の寮だ。地図を頼りに迷いに迷い、なんとか到着すると、法政の同級生で先に南海入りしていた黒田正宏、堀井和人が待っていた。

以前から知っている選手たちにも歓迎され、到着したその足で堺とミナミへ連れて行かれ、どんちゃん騒ぎの歓迎をしてくれたのがうれしかった！

「こんな温かいチームがあったのか」俺はチームの雰囲気に安心した。

明けて72年1月。中百舌鳥での自主トレの初日、野村克也監督がやってきた。

でっかいグリーンの高級車、リンカーン・コンチネンタルのクラクションを鳴らしながら、グラウンドの中まで乗り入れてくる。

「おお、家が走ってきよる！」チームメイトが叫んだ。たしかに、まるで一軒家が走ってきたかと思うほど大きな車だ。それに比べて、俺の中古のコルトはなんとショボいことか。

野村監督はリンカーンから降りて開口一番、みんなの前でこう言った。

「ワシのようにいい車に乗りたいか？　だったらお前らもしっかり頑張れや！」

球界では古くから「グラウンドにはゼニが落ちている」といわれてきた。自主トレは、若手中心。刺激を与え、奮起を促そうと、わざと高級車を見せつけたのだ。

しかし俺は情けないことに、ため息をついただけだった。

「ハァ、スーパースターは違うなァ、俺はこの車のタイヤ1個も買えないだろうなァ」

野村監督のシビレたひとこと

一通りトレーニングが終わると、監督室からお呼びがかかった。野村監督と話をするのは初めてだ。とりあえず「お世話になります」と、ペコリと頭を下げた。

野村監督はタバコの煙をモクモクと吐き出し、口をへの字に曲げていたが、今より男前だったような気がする。無口だと聞いていたが、しばしの沈黙に、不安がよぎった。

次の瞬間、思いもかけない言葉をかけられた。

「ワシはずーっと、お前のこと見とったんや。お前のボールなら、ワシが受ければ、軽く10勝はいくでェ」

このひとことで、俺の背中に電気が走った。

俺のことをずっと見てたなんて、よくよく考えれば口からでまかせだと内心思ったが、その言葉を聞いてやる気が出ない選手はいない。しかも「10勝」と具体的な数字で評価されたことも、初めてだった。俺は全身にカーッと闘志がみなぎるのを感じた。

さらに次の瞬間、その気持ちは決定的なものになった。

野村監督は新品のユニホームをバサッと俺の目の前で広げてみせて、こう言ったのだ。

「背番号16、エース番号や」

たしかに10番台はエース級のピッチャーに与えられるもの。誰のユニホームだろう？

「10勝するとエースと呼ばれるんや、今日から着とけ！」

俺の背中にはまさにバリバリと電流が走った。感激に打ち震えた。ドラフト外で入り、プロ未勝利だった若造を、いきなりエース扱いとは。

「よし、やったるでェ！」

俺は初対面ですっかりハートをわしづかみにされ、〝ノムラ教の信者〟になった。こんな男気を感じたのは、高知商時代の〝伊藤の虎〟こと伊藤監督以来だ。

理論とハートの絶妙なバランス

世間では、野村監督は球界の「理論派」の旗頭として語られている。

しかし、俺からすれば、野村監督こそ「ハート派」である。ハート派と言われるのを野村監督は嫌うが、「俺についてこい」でチームを動かしてきた軍師である。リンカーンでの登場といい、ユニホームの渡し方といい、なんという名演出家だろう。そして、練り上げられた言葉と、さりげない演出で、選手のハートをがっちり摑む。

もし野村監督が理論だけの人だったら、何の実績もない新人をつかまえて「お前なら10

勝できる」なんてセリフは絶対言わない。何の根拠もないことだからだ。

もっとも、「俺についてこい！」を暑苦しく押しつけるだけの監督では、選手は絶対についてこない。結果が出ないから、必ず途中でポシャる。

その点、野村監督はハートだけでなく、理論を併せ持っている人だった。

あるいは「理論から派生したハート」を持っていたと言えるかもしれない。

「チームを活性化させるためには、選手のハートを摑まなければならない」と考えた上で、巧妙にふるまっていた可能性も高い。

人心掌握のためなら、メディアが書き立てるガセネタや「伝説」までも利用する。世の中で野村伝説とされているものの多くは、虚構である。

それでも、必ず結果につなげてくるのだから、脱帽するしかない。

ともあれ、前にも触れた通り、俺はハートと理論のどちらも備えていない人、またはどっちつかずの人を、監督として認めることができない。

「この人の言うことを信じて頑張れば、絶対にうまくいく」

そう信じきれるだけの説得力が、野村監督にはあった。

俺は野村監督のミットを目がけ、しゃにむに投げた。野村監督を男にしようと、一心不乱に投げた。

そしてシーズンが終わってみれば、俺は10勝どころか、背番号と同じ16勝をマークしていた。前の年に1勝もできなかったのに、突然エースに躍り出たのである。

「野村再生工場」を目の当たりに

しかし、世間でよく言われる「江本は野村監督に育てられた」という説は、正確ではない。前章でも述べたとおり、俺を本当に育ててくれたのは、東映のコーチたちだ。1年間じっくり鍛えられ、俺のパワーは着実に蓄積されていた。それが南海の1年目に、マグマのように噴き出したというわけだ。

ただ、溜まったエネルギーを全開にすることができたのは、やはり野村監督をそのとき信じきれたからこそだと思う。

いわゆる「野村再生工場」の実例も、目の当たりにした。

1973年、山内新一投手が加入してきた。山内は巨人にドラフト2位でプロ入りしたものの、泣かず飛ばず。原因は、右肘の故障だった。いわゆる「ねずみ」という重症だ。肘を伸ばすこともできず、右腕は「くの字」に曲がっていた。

案の定、山内はオープン戦で先発したものの、ボコボコに打ちまくられた。

「なんで、あんな故障持ちを獲るんや」周囲は猛反発した。

それでもなお、野村監督は「いやや、あいつのスライダーは素晴らしい。ワシが再生してみせる」と言い、頑として山内を使い続け、先発ローテーションにまで組み込んだ。

これぞ「男気」の発露である。

一方で、野村監督は、山内のある特徴に着目していた。山内は肘が曲がっている分、スライダーには天然の「ひねり」が利いて、ボールも独特の曲がり方をしていた。その一点に、野村監督は賭けたのだ。

さらに野村監督は、山内の配球にも「ひねり」を加えた。相手バッターは、山内のまっすぐの球には威力がないから、変化球から来るだろうと構えている。その裏をかき、まずはまっすぐ、次にシュートを入れる。

バッターは当然、見逃す。「あれ？　まっすぐとシュートで勝負にくるのか」と疑心暗鬼になり、球種を絞れなくなる。こちらは労せずして有利なボールカウントに持ち込める。そして最後にスライダーで仕留める。このパターンが面白いように決まった。ときに、逆のパターンも混ぜ合わせることで、バッターをますます混乱させた。

山内はこのシーズン、なんと20勝をマーク。見事によみがえった。以後も主力として投げ、プロ通算143勝を挙げている。

これが「野村再生工場」の第1号だ。まさに「男気」と「理論」の結晶といえる。

アタマを使え!

もちろん、俺が投げるときも完ぺきなリードだった。野村監督が出すサインに首を振ったことは、南海での4年間を通じて、一度もない。もっとも俺の場合、サイン通りに投げても、要求された所にボールが行くとは限らない。ほとんど行かないときもある。だから、サインなど本当はどうでもいい。相手を抑えられれば、結果オーライだ。

また、当時の野村監督はプレーイングマネジャーだったから、サイン通りに投げて打たれて負けても、それは俺の責任ではなく監督の責任だ。だからこそ、野村監督を全面的に信頼できた。実際、「ワシのサインが気に食わなかったら、遠慮なく首を振れよ」と言ってくれたし、打たれて点を取られたら、ベンチでチームメイトに聞こえるように「すまん、すまん。ワシのせいや」と、謝ってくれた。

ただ、こんなセリフをくどいぐらい聞かされた。

「サインが出たら、なぜそのサインが出たのかを考えて投げろ。アタマを使え。カーブのサインが出たから、『ハイ、次はカーブね』というんじゃアカン。なぜここでカーブなのか、それを考えながら投げないと、バッターを抑えることはできん」

どこまでも「理論プラス男気」の人だった。

キャッチャーの理想像は、真ん中にデーンと座って、来たボールに反応して捕ること。一度、ミットを構えたら、決して動かさないことだ。キャッチャーが大きく動けば、バッターに気配を感じ取られ、コースを読まれることになる。また、ピッチャーは投げる寸前にミットを動かされると、目標の位置を見失い、コントロールが定まらなくなる。

野村監督は、高めのボールの「釣り球」を要求するときに中腰に構える以外は、ほとんど動かなかった。キャッチャーは「的」であるという原則に、徹してくれた。これも名捕手たるゆえんである。今は、アウトコースだインコースだとせわしなく動き、構えたミットを一度下げてから元の位置に戻すキャッチャーばかり。これはよくない。

配球も、基本ありきだった。「アウトコースの低め→インコースの高め」、いわゆる「アウトローとインハイの対角線」という基本は、外さなかった。バッターから最も遠いコースのアウトローで様子を見る。ストライクを稼ぐ。バッターの顔に最も近いインハイで、体を起こさせる。バットを振らせる。そしてアウトローで、打ち取る。「インハイ→アウトロー」、その逆の「アウトハイ→インロー」。対角線を意識して投げるだけで、ピッチングの幅は広がる。まっすぐひとつで、いくつもの球種を持っているのと同じになる。まっすぐと、変化球が2つもあれば、余分な球種は必要ない。

キャンプから、アウトローとインハイの練習を、みっちりとやらされたものだ。

野球選手にペーパーテスト

野村監督は、指導方法もユニークだった。

キャンプのブルペンでは、俺はよくキャッチャーをやらされた。「なんでピッチャーにキャッチャーをやらせるんや?」と思ったが、そこにはちゃんと狙いがあった。

「マウンドから見て、ストライクだと思っても、キャッチャーミットに収まるとき、ボール1個分、外れていることがある。そこを知っておくように」

明快かつ実践的に、コントロールの極意を教えようとしていたのである。

キャンプの夜のミーティングでは、なんとペーパーテストまであった。

『問題1　ピッチドアウトとウエストボールの違いを述べよ』

『問題2　第1球はピッチャー有利か、バッター有利か。その理由も述べよ』

どれも一筋縄ではいかない問題だ。高校時代のテストをカンニングで乗り切った俺には、難行苦行だった。ねじり鉢巻き、腕まくり。あれこれ考え、答えをびっしり書き込んだ。

（バッターを空振りさせることよりも、ランナーを刺すことを主目的に、ボールをわざと、アウトコースの高めに大きく外すのが、ピッチドアウトだったよな……）

（初球は確か、ノムラ理論によると、バッター有利だっけ？　バッターがまだ何の反応も見せていない分、何を待っているのか、何を狙っているのか、ピッチャー側はわからない……と言っていたな）

野村監督が理論家なら、俺は生来の「へりくつ屋」。あれこれ考え、思いつく限りのことを書いてやった。これだけ書けば、どこかで正解に引っ掛かってくるだろう、と。

あとで聞くと、正解かどうかは二の次だった。野村監督の評価基準は別にあった。

「2行くらいしか書かないヤツもいれば、お前みたいに、何行も書いてくるヤツもいる。少々間違っていても、一生懸命考えて、たくさん書いてくる方が、ワシは好きや」

要するに、物事に向き合う姿勢を、テストされていたことになる。

シミュレーションで頭脳トレーニング

シーズン中の試合前ミーティングでは、さらなる頭脳トレーニングが待っていた。

たとえば、阪急との3連戦。ホワイトボードに、相手打線のオーダーが書き込まれる。

「第1戦先発・江本。左バッターボックスに、1番・福本豊。さてプレーボール。お前、初球、何を投げる？」

「まっすぐです」

「ほお、なんでや？」

「データ上、福本は90％、初球を見送りますから」

「ストライクを取るか？」

「いくら僕でも、初球くらい、ストライクは入ります。相手は打ってきませんし、真ん中を狙えば、そのあたりには行くでしょう」

「では1ストライク。2球目は？」

「少々ボール気味でいいから、外角へシュート系、いきます」

「2ナッシングと追い込んだら？　あるいは、それがボールになったら、次は何を？」

問答が延々と続く。ランナーがいたら？　5回裏でこちらが1点リードしていたら？

こうなった場合、ああなった場合……。何千、何万通りの配球の組み合わせから、打ち取る道筋を探っていく。

こうしたミーティングを俺が6イニング分やったあと、残る3イニング分を、第2戦、第3戦先発の山内新一、西岡三四郎が引き継ぐ。試合前に、3時間も4時間も。〝完全試合達成〟にたどり着いたところで、ようやく終了。

これほど緻密な「頭の体操」をこなすチームは、今では皆無だろう。

そう、あくまで頭の体操だった。いざ本番になると、チャラになる。机上で考えた通りに、事は運ばない。それでも、これは大きな強みだった。

「自分たちは、あれだけ準備した。対戦相手の何倍も、頭を使って攻略法を練ってきた」

その自信と、ゆとりこそが、強力な武器になっていたのだ。

ボヤキとノゾキも戦略のうち

野村監督は、ピッチャーの心理を操縦することにも長けていた。

試合が3、4回あたりに進むと、ベンチでボヤキが始まる。

「あっちはピッチャーがエエで。あのコントロールがあれば、キャッチャーは楽やで」

聞こえよがしに言う。

(なにくそ! 確かに俺は、コントロールは悪いよ。だけどまだ1点も取られてないじゃないか……こんちくしょう)

俺は怒鳴りたい衝動にかられたが、それが発奮材料になって、気持ちを緩めることなく9回を投げきった。終わってみれば何のことはない、試合は1―0。俺の完封勝利だ。

ピッチャー操縦術はボヤキだけではない。基本となる「インハイ↓アウトロー」の対角線リードだけでなく、ここ一番では、「ど真ん中のまっすぐ」を要求されることもあった。それも、ピッチャーにとっては、「なにくそ!」という屈辱的なことだったのだ。

これには少し解説がいるだろう。

今だから明かすが、当時、ほとんどのチームが、相手バッテリーのサインを盗んでいた。スコアボード下の一角に、観客を装って球団スタッフが陣取る。あるいは若い女の子を連れてカップルを装い、バックスクリーン付近に陣取る。

その連中がセンター方向から双眼鏡をのぞき、サインを出すキャッチャーの指をアップで凝視。それをベンチに伝え、ベンチからバッターに転送される。

たとえば、「行け、行け〜」と声がかかれば「まっすぐ」、「打て、打て〜」なら「カーブ」といった具合に、ありとあらゆる手法で、伝達されていた。

特にパ・リーグは〝スパイ野球〟という点では、セ・リーグより先進的だった。

そういう時代に、ここ一番で「ど真ん中、まっすぐ」を要求されたら、どうなるか。

当然のことながら、相手ベンチはニヤリとする。

そしてそれこそが、野村さんの企みだった。

「ど真ん中に要求しても、どうせ江本のボールは真ん中には来ない。アウトローに流れるか、インハイに浮くか。いずれにしても、コーナーに来る。相手はど真ん中だと信じ込んでいる分、コーナーへの警戒心は薄くなる。そこで打ち取る……」

そこまで考えた上で、ど真ん中のサインを出していたのだ。バッター心理の裏を、見事に突いている。

利点はもうひとつ。そう、ピッチャー心理の操縦だ。

サインが盗まれているということは、俺のコントロールの悪さも満天下に知られてしまうということを意味する。

「おーい、江本に『ど真ん中』だってよ。まっすぐだってよ」相手チームはどっと笑う。

サイン通りの配球になっていないからだが、俺にとっては最悪の屈辱だ。

俺は、そんな屈辱的なサインを出したキャッチャー野村に対して「なにくそ！」と反抗心を燃やす。すると不思議なことに、バッターへの雑念が、スーッと頭から消えるのだ。「このバッターは苦手だ」「ここで打たれたら負ける」「負けたら給料が上がらない」……こうしたプレッシャーや邪心から、解放され、ビビることもなくなる。結果的に、いいボールがコーナーに決まる（あくまでど真ん中ではない！）というわけだ。

幾重にも張り巡らされた、野村の罠。なんという策士、なんという人心掌握術だろう。

球種は3つでもバリエーションは無限にある

野村監督は、ピッチャーの性格とタイプを見極めて、その持ち味を引き出すという意味でも抜群の力量を持っていた。相手チームの大量のデータを持ち合わせながら、相手本位、バッター本位だけでなく、ピッチャー本位のリードも心得ていた。

たとえば、変化球が得意なピッチャーでも、2ストライクに追い込むまではキッチリ決まるくせに、追い込んでからの勝負球だと、とたんに甘くなってしまう……というヤツもいる。あるいは、そういう調子の日もある。

野村監督はそこを察知すると、勝負球をまっすぐに切り替えてくる。まさに縦横無尽、臨機応変である。

データは、あくまでデータに過ぎない。100%はありえない。「初球は打ってこない」とタカをくくっていたあの福本豊にも、初球をホームランされたことがある。インハイのまっすぐが苦手なバッターに対して、そこにきっちり投げたとしても、どん詰まりで、ポテンヒットにされることだってある。アウトコースのスライダーが打てないバッターに対して、それを要求したとしても、ピッチャーのスライダーの精度が低く、コースが甘く、高く浮けば、打たれてしまう。

いくらデータを重視しても、ピッチャーのボールが二級品、三級品だと、意味がない。現在のプロ野球のバッテリーには、その観点が欠けているのだ。

ピッチャーはまるで〝変化球オタク〟かのように、球種をいくつも覚えたがる。キャッチャーは、とても実戦で使えないような球種を、投げさせたがる。解説者として見ていて、いつもネット裏でイライラしている。

現役時代を通じて、俺が投げたのは①まっすぐ、②カーブ、③フォークボール、以上。ずいぶん少ないように思えるかもしれないが、これで十分だった。なぜなら、ひとつの球種にも、バリエーションがいくらでもあるからだ。

まっすぐは、右バッターのインコースにいけば、ナチュラルにシュートして、食い込んでいく球になった。左バッターからみれば、アウトコースへ逃げていく球となった。

カーブにも、右バッターの体の近くから曲げるケースと、アウトコースへ逃がしていくケースがある。左バッターには、アウトコースから入ってくる球と、膝元に曲がってくる球になる。

フォークは、人差し指と中指にはさんで投げるボールだ。2本の指の力のバランスが五分五分なら、真下に落ちる。「6―4」になると、インコース、あるいはアウトコースへ落ちる。バランスがどうなるかは、投げてみないと、わからない。

俺のフォークは、マスコミが勝手に「エモ・ボール」と名付けてくれたおかげで、「魔球」「迷球」というイメージもついた。バッターが勝手に、過剰に意識してくれた。しかも、俺は「荒れ球」が持ち味。「ノーコン」ではなく「荒れ球」と考えれば、それは武器になる。バッターは腰を引く。

土台には、インハイ↓アウトローといった対角線のコンビネーションがある。これらを総合してピッチングを組み立てれば、〝七色の変化球〟どころではない。

それに、昔の方が、驚異的な変化球は多かった。

南海・杉浦忠さんのカーブは、右バッターの背中から曲がってきたらしいし、ストレートも速かったらしい。腰砕けになって尻餅をついたバッターは、たくさんいる。阪急・足立光宏さんのシンカーは「止まる魔球」と呼ばれたし、近鉄・佐々木宏一郎さんのスライダーも、止まってから曲がるように見えた。個性的なピッチャーばかりだった。ちなみに、俺がピッチング・フォームで参考にしたのは、小山正明さん。阪神、ロッテなどで通算320勝をマークした大投手だ。肩をあまり動かさず、手首を「ピュッ」と利かせてボールを切る、無駄と無理のない投法。「針の穴を通すコントロール」と称賛されていた。もっとも、「針の穴」は最後まで、マネできなかったが。

暗号解読の虚々実々

話を「サイン盗み」に戻そう。俺が相手ベンチから笑われたのと同じように、いや、それ以上に、爆笑の語り草がある。

あるチームのキャッチャーが、ピッチャーにあるサインを出した。しかし……。

「ん？」ピッチャーはサインを解読できず、首をひねるばかり。

ほどなくして、観客席のノゾキ役から伝達を受けた相手ベンチが、どよめいた。

「なんや、それ？　あ、そうか、アレか」みな腹を抱えて笑いだす。それを見て、キャッチャーがニヤリ。

出したサインは、なんともお下品。人差し指と中指の間に、親指を挟んだものだった。のぞかれていることを承知で、キャッチャーがいたずらしていたわけだ。ノゾキ役がカップルではなかったことを、祈るしかない。

サイン盗みはとにかく活発だったから、ノゾキ防止対策も進化していった。

単純に、指1本、2本、3本では、あっという間に見破られる。足し算、引き算、掛け算……と組み合わせ、どんどん複雑になっていった。

キャッチャーが、パッパパッパパッパッと、4つの数字を示す。例えば「1本、2本、1本、4本」だとする。ここには、あらかじめ、〝コード〟が設定されている。

『2番目に出した数字に、2を掛けて、1を引く』

この場合、「2掛ける2、引く1」、イコール「3」になる。

その「3」を、球種に割り振られたナンバーに、当てはめる。

①ストレート、②カーブ、③シュートなら、シュートが正解。ややこしい。

それほど工夫しても、1試合中、ずっと使えるわけではない。相手も同時進行でコードを分析している。やがて見破られる。

ひどいときには、プレーボールから3球投げただけで、野村監督がマウンドに駆け寄ってきたことがある。

「アカン。バレとるで。サイン、変えよか」

サインが盗まれたことは、バッターの反応でわかるものだ。右バッターの場合なら、左足の動き。カーブのサインを出すと、安心して踏み込んでくる。シュートのサインだと、ぶつかるといけないから、踏み込んでこない。

野村さんは右目でボールを追い、左目でバッターをとらえている。細かい動き、ちょっとした反応も見逃さない。間近に守っているからこそ、気付くこともある。

バレたサインは、すぐ破棄する。コードを変更し、ナンバーを入れ替える。それがバレたら、またチェンジ。いたちごっこだ。

キャッチャーもピッチャーも、気が休まる暇はない。暗算が苦手な選手は、ノイローゼになってもおかしくない。

実際に南海には、計算できないピッチャーがいた。サインを受けると、視線が上の方に泳ぐ。頭で計算するだけでは、答えが出ない。右手の指を折って、掛けたり、引いたり。

それでもわからないと、グラブから左手を抜いて、両手で指折り、数え始める。そんなことをしていれば、相手にすぐバレる。あわててコードを変更しても、また指折り数えて、すぐバレる。これもある種のいたちごっこだ。

2軍のウエスタン・リーグで10勝以上していた男が、このせいで1軍に昇格できなかったほどだ。計算ができるようになるまで、野村さんは頑として1軍に呼ばなかった。

スパイ野球の熾烈さを物語るエピソードでもある。

アンパイアの性格まで調べ上げる

サインを盗むくらいだから、クセを盗むことも盛んだった。

最も標的になったのが、ピッチャーだ。ボールの握り方で、白い部分が大きく見えれば、カーブ。小さければ、まっすぐ。ボールを握った手をグラブに入れたとき、グラブが左右に広がれば、フォーク。上下に動けば、まっすぐ……等々。

利き腕の筋肉の盛り上がり具合や、手首の傾き具合などで、バレることもあった。

人間、なくて七癖。知らず知らずのうちにクセが出る。クセを隠そうとすると、他の部分にまたクセが出る。本人は気付かなくても、ビデオで研究されれば丸裸になるものだ。

俺も阪神時代、法政の先輩でもある広島・山本浩二さんに、耳打ちされたことがある。

「エモ、クセがバレバレだぞ。勢いをつけて、グラブを振りかぶると、カーブやろ」

「わかってはいますけど、今さら直せません。このままいきます」と答えるしかなかった。

「どうせ俺はあっちこっちにボールが散りますから、いいんです」とも付け加えた。

ピッチャーだけではない。ランナーのクセも野村監督はあぶり出していた。

一塁ベースにいて、サードコーチャーから「盗塁」のサインが出る。そのとき、右足のつま先が一瞬だけ、数ミリだけ、二塁ベース側に向く。そこを見逃さず、牽制球。または、ピッチドアウトで刺す。

ランナーとバッターに指示を出す、そのサードコーチャーの動きも、ビデオで研究した。先に作戦がわかってしまえば、こっちのものだ。

アンパイアの性格も調査した。一度でも判定に不服そうな態度をとると、二度とストライクと言ってくれない人。どんなに不服でも、笑顔でやりすごすと、だんだん判定が甘くなっていく人……。

とにかく、ありとあらゆることを、勝負に生かそうとした。

「考える」「研究する」「準備する」「実践する」……こうした野村野球が花開き、球界をアッといわせたのが、1973年のシーズンだった。

王者・阪急に「頭脳」で挑む

当時のパ・リーグは阪急とロッテが2強。南海はいいとこ3位、という力関係だった。中でも、〝闘将〟西本幸雄監督率いる阪急は、1967年、68年、69年、71年、72年と優勝。リーグを牽引していた。

その阪急ですら、日本シリーズではことごとく、川上哲治監督率いる巨人の軍門に降っていた。長嶋茂雄さん、王貞治さんを中心としたV9時代だ。

野村監督はまず阪急に勝つことを目指し、その先に巨人を見据えていた。監督業において目標にしたのも、西本さんと川上さん。目標設定は高かった。

この2人に勝つにはどうすればよいか。たどり着いたのが「シンキング・ベースボール」(考える野球)だ。

その源流は、ヘッドコーチに招へいした元メジャーリーガー、ドン・ブラッシンゲーム(通称ブレイザー)にある。ブレイザーは小柄ながら質の高いプレーで定評があり、メジャーリーグで活躍した。それに目をつけた野村監督が、ブレイザーから徹底的にメジャー流の戦略を聞き出したのだ。それは日本流の単純な根性論とは180度異なる野球観だった。相手のクセや性格を緻密に分析し、ゲームの状況に応じて戦略を臨機応変に切り替えるという、きわめて頭脳的なスポーツの世界である。先に紹介した野村監督の試合前の「想定問答」は、ブレイザー直伝である。

そうして磨いたシンキング・ベースボールを引っさげて、野村南海は73年シーズンに挑んだ。

パ・リーグでは、ちょうどこのシーズンから「前後期制」が採用された。年間130試合を前期後期それぞれ65試合ずつに分け、それぞれの優勝チームが5試合(3試合先勝)のプレーオフを行い、日本シリーズ進出を争うシステムだ。当時のパ・リーグはスタンドに閑古鳥が鳴くほど人気は低迷していた。少しでも話題を引き、注目を集めようというアイデアだった。

シーズン通しての130試合だと、地力で大きく勝る阪急にかなうわけがない。しかし、半分の65試合なら、何とかなるかもしれない……。

そして本当に、何とかなった。4月は3位の好位置につけ、5月に首位に浮上。そのまま6月を乗り切った。38勝26敗1分。2位・ロッテを2ゲーム差で振り切り、前期優勝をはたしたのだ。

だが後期は、やはり阪急だった。それも、43勝19敗3分。2位のロッテに5・5ゲームの大差をつけての圧勝。南海は30勝32敗3分。勝率5割に届かず、3位だった。しかも南海は後期、阪急に0勝12敗1分と、惨敗している。

当時の阪急は圧倒的なチームだった。タイトルホルダーがズラリといた。長池徳二さんがホームラン王と打点王（43本、109打点）。加藤秀司が首位打者（打率・337）。福本豊が盗塁王（95個）。ピッチャー陣も、米田哲也さんが防御率1位（2・47）で15勝。山田久志も15勝。この二枚看板に、足立光宏さんら、分厚い陣容だった。

そんな阪急戦で、もっぱら投げさせられたのは……。

「江本、お前、いけ」

「また、僕ですか？」

「お前しか、おらん」

「ほな、いきます」

思うに野村監督は、「いきます」というタイプが好きだったのだろう。「う～ん」と躊躇するヤツはダメ。打たれるかどうかに関係なく、「いきます」と言える男気を買ってくれたのだろう。おかげで俺はこのシーズン12完投で防御率2・74をマークしながら、12勝14敗。勝ち星をだいぶ損している。

10月のプレーオフ。評論家諸氏の予想は、軒並み「阪急」。それも「3勝0敗」。後期にひとつも勝っていない南海を推す人が、いるはずもなかった。そんな絶望的な中……。

「短期決戦では、作戦を変える」そう野村監督が宣言したのは、プレーオフ開幕3日前のミーティングだ。

「どうせ3連勝などできやしない。どうしたって、負けるゲームはある。1戦目、3戦目、5戦目。この3つを全力で取りにいくでえ!」

(これまでの流れからして、初戦の先発は、また俺かなあ……)

先回りして勝手に予想していると、野村さんが意外なローテーションを披露した。

「江本は第1戦、万全を期してリリーフ。第2戦もリリーフの準備をせい。第3戦は江本、先発や。中1日で最終第5戦は、ピッチャー総動員。江本もリリーフで待機せい」

もちろん、「ほな、いきます」と二つ返事だ。

その野村さんのシナリオ通りに、事は運んでいく。

プレーオフ開幕は10月19日、大阪球場。先発は西岡三四郎。阪急は「あれ、江本が先発じゃなかったんか？」と、戸惑ったことだろう。この日は打線が前半に4点を取った。西岡から、佐藤道郎、村上雅則さんとつなぎ、最後は俺が締めて、4―2で先勝した。

第2戦は山内新一が先発。激しい打撃戦となり、7―9で落とした。俺に出番なし。

先発マウンドに上がったのは、予定通り第3戦。移動日をはさんだ22日、西宮球場。

1回に野村監督が先制2ランホームランを放つなど、打線は活発で、6点を援護してくれた。俺はスイスイと完投勝利だ。

第4戦は、ピッチャー陣が壊滅して1―13と惨敗。これで2勝2敗。

「流れは大差で勝った阪急にあり」誰もがそう考えたに違いない。

9回裏での突然の登板

翌24日、運命の第5戦は、山内新一、山田久志の両先発による、息詰まる投手戦になった。両軍無得点のまま、8回を終えた。

すると9回表、ウィリー・スミスと広瀬叔功《よしのり》さんの連続ホームランで、2点を取った。

マウンドには、2番手・佐藤が上がっている。シーズン中はリリーフエースを務めた男だ。

「よっしゃ、このままで大丈夫だな」俺はもう出番はないと、安心しきっていた。それに完投してから中1日。肩はパンパンだった。

2アウト。あと1人で、パ・リーグ制覇。身を乗り出して、胴上げの瞬間に備える。

ところがここで、当銀秀崇さんにホームランを打たれた。1点差に詰め寄られ、にわかに雲行きが怪しくなる。続くバッターは、高井保弘さん。のちに代打ホームラン27本の世界記録を樹立する、一発屋だ。

佐藤のボールには、スピードがない。図太い態度と太めの体から、「オリャーッ」と全力で投げる。さぞ剛速球が来るかと思いきや、130キロ。バッターにとっては〝天然チェンジアップ〟になり、タイミングを外されて打ちにくい。そういうタイプだった。

高井さんは、それが通用する相手ではない。ここ一番での集中力も人一倍ある。コツンと当てられただけで、同点ホームランになる可能性がある。

さすがの野村監督も、ビビッたようだ。キャッチャーボックスから、ベンチにいる俺の方に、左手でミットを向けて、右手で腕を振ってきた。

「お前、投げろ」のポーズだ。

あわてて手を左右に振り、「ダメです、ダメです！」のポーズを送り返した。肩はパンパンに張っている。その上、俺はブルペンで準備していたのではなく、ベンチに座っていた。とても投げられる状態ではない。

それでも野村さんは「投げろ。お前しか、おらん」と言い張る。仕方がない。

「あ、グラブ、グラブ」……なんと俺はロッカールームにグラブを置いたままだった。

そばにいた誰かのグラブを借りて、ベンチを出ようとした。

「おい、帽子、帽子」呼び止められて、ふと気付くと、帽子も置いてきたまま。これも誰かに借りて、グラウンドに足を踏み入れる。

途中で佐藤とすれ違う。無言のまま、顔は硬直している。

（バカヤロー。キッチリ抑えんかい！）

心の中で文句を言い、マウンドに到着したら、野村さんも硬直していた。

ボールを俺に手渡すと、無言のまま、キャッチャーボックスへ戻って行く。

（おいおい、高井さんへの攻め方とか、なにかアドバイスがあるだろう。マウンドにひとり、取り残さないでよ……）

俺は一挙に心細くなった。

まさかの「ストライク」

その時だ。

「エモ、頑張れよ」耳元でささやいてきたのは、球審の道仏訓《どうぶつさとし》さんだった。

試合中に審判が選手を激励するなど、通常は考えられない。特定の選手に肩入れするのは、ルール違反ともいえる。（どういうこと？）まさか道仏さんが、文字通り、〝ほとけ〟となって〝道〟を切り開いてくれるとは、その時は知る由もない。

初球と2球目。やっぱりダメだ。疲労と準備不足がたたって、まっすぐが抜けて、高めに外れる。やばい！　カウントはノー・ツー。

3球目。野村さんが、得意の「真ん中、まっすぐ」のサインを出す。「ココや、ココや」と、ど真ん中にミットを構える。

それでも、ダメだった。スローモーションのように、高めに抜けていった。バッターの肩の位置あたりか。

「やっちまった！　ノー・スリーや」あきらめたその瞬間……。

「ストライ～ク！」道仏さんのコールがこだました。

まさかのストライクだ。

「ふぅ、助かったわい」俺は胸をなでおろす。

高井さんは怒っている。西本監督もベンチを飛び出している。

4球目。これもボールで、1ストライク3ボール。

5球目。アウトコースの高めに外れた気がした。

「ああ、フォアボールだ。同点のランナーかぁ……」がっくりきた、その時……。

「ストライ～ク！」またも道仏さんのコールがこだました。

「た、助かったぁ！」

阪急ベンチは猛り狂って、ありとあらゆる怒声を張り上げている。

そしてついに、フルカウントからの6球目。またまた、ボールは高め。顔のあたり。

ところがなんと、その球に高井さんはバットを出した。

空振り、三振、ゲームセット。パ・リーグ制覇だ。

なんのことはない。一球もストライクゾーンに投げることなく、俺は胴上げ投手になっていた。

それにしても、なぜ道仏さんは俺を励ましてくれたのか？

「あのとき道仏さんに、エモやんをよろしくお願いします、と頼んでおきましたから」

後年、そう打ち明けてきたのは、三浦真一郎審判員だ。かつてノンプロに知人がいて、その人が俺のことをよろしくと三浦さんに言ってくれていたらしい。その三浦さんの師匠が道仏さんだった。

振り返ってみれば、3球目と5球目を「ストライク」とコールされたため、高井さんも6球目、バットを出さざるをえなかったのだろう。

一方で、こうも思う。高めのまっすぐを空振りさせることができたのは、最後の最後で、俺のボールに勢いが戻っていたことも一因ではなかったか、と。ボールが遅ければ、難なく当てられる。高めだと、ホームランにされる危険性も高い。スピード、キレ、そしてボールの伸びがあればこそ、空振りが取れたのだ。

それ以前に、野村監督の緻密な戦略なくして、パ・リーグ制覇はありえなかった。捨てゲームをつくりながら、押さえるべきゲームはキッチリ押さえる。信頼するピッチャーをポイント、ポイントで注ぎ込む。短期決戦ならではの戦法。現在の監督たちにも、そういう芸当を見せてもらいたいものだ。

そうそう、いまさらだが、もうひとつ首をかしげることがある。記者投票でプレーオフのMVPに選ばれたのは、俺ではない。中継ぎのリリーフで2勝が転がり込んだ佐藤だった。

日本シリーズで王さんと対決

さあ、次は日本シリーズだ。開幕は10月27日、第1、2戦は大阪球場だ。プレーオフから、わずか中2日の過密日程。しかも相手は9年連続でセ・リーグを制覇し、日本シリーズも8年連続制覇している巨人である。準備期間はまるでないし、どうせ巨人に勝てるはずもない。かえって気楽なもんだ。

まず、プレーオフ最終戦の日の夜、大阪・ミナミでどんちゃん騒ぎだ。「ホテル南海」には門限があった。夜中の0時。だが、そんな時間に帰ってくるヤツなどいるわけない。朝の6時にならないとカギがあかない。だからそろって朝帰り。太陽が黄色く見えた。

翌25日、午前9時半から眠い目をこすりながら練習。その後のミーティングで、野村監督が例によって俺を指名した。

「第1戦先発は、江本、お前しかおらん」

「きのう投げたばかりです」

「いや、お前しかおらん」このセリフが殺し文句だ。

「ほな、いきます」今なら常識外れの起用だ。

その第1戦、俺はキッチリ完投勝利をあげている。高橋一三さんと最後まで投げ合い、9回を5安打、3失点。4―3で逃げ切った。

土井正三さん、森昌彦（現・祇晶《まさあき》）さんにホームランを打たれたのは「小兵」とナメていたから。

しかし主砲の王貞治さんからは、最初に三振を奪うなど4打数1安打。その1安打が9回のライト前ヒットで、次の末次利光さんにもセンター前に運ばれ、1アウト一、二塁という一打同点のピンチを招いたが、最後は土井さんをショートゴロに打ち取った。

俺は生意気にも「ジャイアンツは大したことなかったね」などと、ヒーローインタビューで答えた記憶がある。後年、「巨人打線はロッテ以下」と受け取れるような発言をしたピッチャーがいて、そこのチームは巨人の怒りを買い、3連勝後に4連敗した。当時の南海のムードも、それに近かったかもしれない。

結局、南海は第2戦から4連敗して、日本シリーズはあっけなく終わった。

俺は第4戦、後楽園球場でも先発した。結果は2回4失点で降板。フォアボールとエラーがからんで、自責点は「0」だったというのも、俺らしい。

3試合で1勝1敗。これが日本シリーズの通算成績だ。その1勝が、「V9巨人」が喫した最後の1敗になったわけだから、今となっては、光栄でもある。

ただひとつ、残念だったのは、あこがれの長嶋茂雄さんが負傷により日本シリーズを欠場していたこと。ひのき舞台で対戦する夢は、かなわなかった。

大阪球場の懲りない面々

南海のホームの大阪球場は、難波駅の真正面にあった。

1998年に取り壊され、今は複合商業施設「なんばパークス」が建っている。わずかに、ピッチングプレートとホームベースがあった位置に、モニュメントを残すだけだ。なんばパークスの最上階には、南海ホークスメモリアルギャラリーがあるが、ワンルームマンション程度のスペースしかない。なんとも寂しい。

大阪球場には、独特の雰囲気があった。繁華街のど真ん中。東京で例えると、新宿や新橋の駅前に球場があるようなもの。上品だとは、とてもいえない。その分、味があった。信じられないような〝風物詩〟もあった。

年に一度、6月もしくは8月のナイターの試合中、観客席に突如、ピカーッと投光器が当てられる。

「サツだァ！」「逃げろ！」大阪府警の〝手入れ〟だ。観客席で野球賭博に興じている連中を、一網打尽にするのである。

しかも野球賭博と言ったって、数年前に世間を騒がせたような複雑なシロモノではない。「次のタマはストライクになるか？　それともボールか？」と、1球ごとに金を賭けるというきわめて原始的なバクチで、おおっぴらに現ナマが飛び交っていたのだ。金額もショボいもので、酒ビン片手のオッサンが100円玉とか賭けていた。

「オラーッ、待たんかい！」警察官が数人走ってきて、バチバチ検挙していく。スタンドは騒然。グラウンドでも試合は一時中断。こんな球場だった。

吉本芸人も脱帽した大阪流ヤジ

パ・リーグの球場はだいたい狭い。とくに大阪球場のスタンドの傾斜はきつく、すり鉢状になっていた。だから、客のヤジもよく通る。これがまた、面白い。

「このバッターは、安物の鉛筆や～」

「何でや？」すかさず合いの手が入る。

「木ィ（気）は強いが、芯は弱い～」うまい！

「南海の監督～、南海の監督～」選手もベンチも耳をそばだてる。

「キャッチャー、代えたれや～」選手は、ププッ。捕手兼監督の野村さんは、ブスッ。

とりわけ阪急ファンの魚屋のおっさんが、ガラガラ声で絶妙なヤジを飛ばすので有名だった。吉本興業のベテラン芸人も、若手芸人に「あのヤジを聞きにいって勉強してこい」と言っていたほどだ。これも大阪ならではの味だろう。

現在の客は、プレーボールからゲームセットまで、途切れることなく音楽と合唱で騒ぐばかり。トンチとシャレのきいたヤジの聞こえる球場が、懐かしい。

球団事務所も、球場内にあった。バックネット裏の球場正面から入ると、「南海グリル」という食堂があり、その中に事務所への階段があった。

現金受け渡しの時代、給料日は大変だ。給料袋をもらって事務所を出ると、階段の下で借金取りが大福帳をぶら提げて待っている。ミナミや北新地で遊んだツケの取り立てだ。

出入り口は１カ所だけ。逃げ道はない。借金取りに囲まれてその場でむしられ、その他いろいろ差し引かれると、手持ちは２、３万円しか残らないこともあった。

そのまま事務所にUターン。翌月分から前借りした。自転車操業。常に金欠だった。南海の新山滋球団社長も話のわかる人で、俺ごときの若造が社長室に出入りしても「よう、来たか」と、いつもあたたかく迎えてくれた。「お前らの親代わりだからのう」と、いつも我が子のように面倒をみてくれた。

折をみて「すんません、いつもの……」とアタマを下げると、「しゃあないなあ」と言いながらも、いやな顔ひとつせずにお金を渡してくれた。

何に金を使ったか——俺は一滴もアルコールを口にしない。それなのに、南海ホークスを舞台とした水島新司さんの人気漫画『あぶさん』の中で、俺があたかも大酒飲みかのように描かれていたので、そのイメージが定着してしまったようだ。実際のところは、クラブや飲み屋に付き合いで行っても、もっぱらウーロン茶とコーヒーだ。

だが、食べるものには金を使った。いいものを、いい店で食べた。プロ選手は体が資本。イイカゲンなものを食べるわけにはいかない。それに、いいものを食べるのはステータスだと思っていた。当時、ステーキ屋に行けば2、3万円はした。今と比べてもかなり高い。

しかし、野球選手ならではの楽しみもあった。大阪球場近くの吉本興業の劇場「なんば花月」には、フリーパスで入場させてもらった。座席について、壇上の芸人さんに見つかると、「アホな野球選手が来てまっせえ」などとイジられたものだ。

吉本の芸人も、大阪球場にはフリーパス。同じ興行の世界。〝ナンバ仲間〟という意識も強かった。横山やすし・西川きよしさん、桂三枝さん（現・六代桂文枝）、坂田利夫さん、前田五郎さん、今いくよ・くるよさん……。ずいぶん親しくさせてもらったものだ。

豪快野球選手列伝

繁華街のミナミという土地柄のせいか、とんでもないエピソードもあった。

「そういえばアイツ、この2、3日、顔を見せんなあ。どこへ行ったんや」

野村さんがある試合中、控え選手がいないことに気付いた。

控えとはいえ、1軍のベンチ入り選手だ。無断欠勤など考えられない。

「何かあったはずや。探してこい」と命じられ、ミナミであれこれ聞き回ったところ……。

そのスジのオンナに手を出したことがバレて、事務所で〝軟禁〟されていたらしい。正座させられ、ひたすら土下座。事情を知らない若い衆が入ってくるたび、「こいつ、なんですか？」「かくかくしかじかや」「なにしとんねん、ボケ！」と小突かれる。

それがずっと続き、デコボコに顔を腫らして練習場に現れた。今なら大炎上もののスキャンダル。それが表に出ない、古きよき時代だった。

控え選手の中には、一風変わった人が多かった。

〝代打の切り札〟青野修三さんは、試合中、もっぱらベンチ裏にいた。さぞかし入念に素振りでもしているのだろうと思いきや……。

「手形、回るのか？」「アカンアカン、○日までに回らんと、つぶれる」「銀行行け、銀行」

大声が聞こえてくる。ピンクの公衆電話が1台あって、10円玉を何枚も投入しながら、延々と金策について話している。自身で経営している洋品店の資金繰りらしい。

6回、7回ごろになると、青野さんの〝化粧タイム〟。ポマードを塗りたくり、髪型をガチガチに固めて、やっと、ベンチに入ってくる。

ここ一番で出番がくると、測ったかのように、セカンドの頭を抜くヒットを放つ。野村さんから絶大な信頼を置かれていた。

もっとも試合の展開によっては、勝負のかからない、どうでもいい場面で代打を告げられることもある。そういうときの青野さんは別人。だるそうにベンチを出てゆく。

「ヘルメット、忘れてまっせ！」

「セットしたから、いらん」髪型が乱れるから、ヘルメットが嫌だというのだ。しかし、ルール上、ヘルメットはかぶらなければいけない。しぶしぶ頭のてっぺんに、ちょこんと乗せる。決して深くはかぶらない。

バットを肩にかついだまま、スイングもせずに、バッターボックスに入る。ピクリとも動かず、3球、ストライクを見逃して、ベンチに戻ってくる。

「ここは俺のバッティングの見せ所ではないやろ」という、潔いほどの割り切り方だった。

代打ではもう1人、笑わせてくれる人がいた。大塚徹さんだ。

出番がくると、ベンチ裏でユニホームをめくり、腹の部分に帽子を2個、仕込む。ユニホームをふくらませて、バッターボックスに立つのだ。

ピッチャーがインコースに投げようものなら、ちょっとだけ体をホームベースに寄せる。あからさまなデッドボール狙いだ。ユニホームにかすっただけで、一塁へ行ける。まともにボールが当たると痛いから、あくまで、かする程度。そのさじ加減が、絶妙だった。

大塚さんは、ヤジ将軍、ムードメーカーとしても重宝された。

そんな大塚さんを野村監督は「大塚のような選手も必要や」と、ベンチに置き続けた。目立たずとも、レギュラーでなくても、個性の強い選手が、好きだった。

これも野村監督流の「適材適所」。主役と脇役、主力と控え。梁山泊のようにいろいろな個性を持った選手たちを、いろいろな使い方で生かし、チームの勝利に役立てていた。南海に限らず、当時は個性の強い選手がたくさんいた。

おもろいキャンプ

もちろん、俺もかなり個性的なタイプと言われた。自分ではそう思っていないが、野村監督が目をかけてくれたのはそのせいかもしれない。

チームに慣れると、言いたい放題、やりたい放題になっていく。野村監督はブツブツとボヤきながら、受け流していた。今では二言目には「お前のような悪人は」と言われる。

毎年2月、和歌山・田辺市での春季キャンプでは、虚々実々のだまし合いがあった。

1クールの最終日。つまり、翌日は練習休みという日には、マラソンが恒例になっていた。長い距離を走っても、翌日に疲れをとることができるからだ。グラウンドを出て、街中やら、田園風景の中をぐるりと回って、グラウンドに戻る。10キロくらい、走らされる。

俺や佐藤道郎らは、長距離走が大嫌いで、悪知恵を働かせた。通りかかった軽トラックの運転手に、「うしろに乗せてよ」と頼み込み、荷台で寝そべる。汗だくでランニングしている選手を横目に、楽ちん、楽ちん。そしてグラウンドが見えてくるあたりで、トラックを降りる。そこからは全力で走る。額にうっすら汗をにじませ、ハアハア息を弾ませながら、ゴールイン。要は〝キセル〟だ。ところが……。

「誰や。トラックに乗ってきたのは。手をあげい」

野村監督には毎回、バレていた。ご注進した者がいるのか。あるいはどうせアイツらズルするだろうと、どこかでこっそり見ていたのか。

「ま～た、お前らか。まったく、もう」あきれてボヤいて、はい練習終了。

よくよく考えてみると、野村監督だって選手兼任だ。「キツい練習のときだけ監督ヅラして」と、痛いところを突かれるから、それ以上、文句を言わなかったのかもしれない。

田辺市は典型的な地方の街だった。宿舎の周辺に、遊ぶところなどない。唯一の楽しみは、夜な夜な、隣の旅館に出向いて、オネエチャンやオバチャンと、みかんを剝きながら、たわいのない話をすることだった。

一方、高知・中村市でのキャンプは、宿舎がひっそりとした松林の中にあり、近くにはラブホテルがあった。

ある晩、宿舎の門限も過ぎてしまった。宿舎とラブホの間にある塀づたいに、抜き足、差し足、忍び足……いったい何の目的やら。ところがその翌日……。

「誰や。昨日の夜中、塀の上を歩いておったのは。手をあげい」どういうわけか、これも野村監督にはバレていた。

〝南海の三悪人〟

練習でも、俺はよくヘリクツをこいた。ピッチャーと内野陣の連係プレー。バント処理でミスして、怒鳴られる。

「背が高い分、ボールを捕ろうとかがもうとしても、ほかのヤツより、時間がかかります。それでファースト、セーフです」

ファーストへ投げるタイミングが間に合うかどうかというとき、今度はとんでもない悪送球。やっぱりセーフになって、怒鳴られる。

「指が長い分、ボールのコントロールが、うまくいきません。ほかのヤツより、高く、遠くへ行ってしまいます」

ああ言えば、こう言う。さぞかし扱いにくかったろうと思う。しかし野村監督は、そういう選手が好きだったのだろうとも思う。

「江本、江夏（豊）、門田（博光）。ワシはこの〝南海の三悪人〟に鍛えられた。3人と比べたら、ほかの選手は子どもみたいなもんや」と、いまだに言われる。

じつは〝元祖・南海の三悪人〟は、「野村克也、杉浦忠、広瀬叔功」だった。野村監督としては、俺のような振る舞いが懐かしくもあり、うらやましくもあったと思う。

選手たちも表面上は監督に反発しながらも、「監督を男にしてあげよう」「あの人に恥をかかせたらいかん」を合言葉に、まとまっていた。

とくに、「恥をかかせたらいかん」の部分では、相当な神経を使った。

たとえば阪急・福本豊の盗塁を阻止するために「クイック・モーション」を採用した。左足を高く上げず、早めに踏み出す投げ方だ。普通のランナーなら十分これでアウトにできる。

ところが福本となると話は別だ。なにしろ、1972年に当時の世界記録、シーズン「106盗塁」を樹立した韋駄天。次元が違う。

一方、野村監督は40歳の手前にきていて、右肩と肘はボロボロ。〝勤続疲労〟で弱っていた。これではいくらクイック・モーションで投げても、刺せそうもない。

そこで、どうしたか。皆、わざと大きなモーションで投げようと気をつかった。

野村監督は二塁に送球することもできず、福本は悠々セーフ。

「しっかりクイックで投げい」と怒る野村さんに、「すみません。僕の責任です」とペコリ。恥をかかせないよう、ピッチャーが泥をかぶっていたわけだ。

キャッチャーフライが上がったときには、内野陣が気を回した。

野村さんの真上の打球であろうが、ファーストとサードが猛ダッシュしてキャッチした。軽快には動けなくなっていた野村さんが、ポロリと落としでもしたら……。恥をかかせないよう、内野陣で申し合わせていた。

こうした〝師弟関係〟も、南海ならではの美風だろう。

サッチーの介入

そんなチーム内に波風が立ちはじめたのは、1975年だった。

そのころから、のちに野村監督夫人となる沙知代さん（サッチー）が、大阪球場や後楽園球場に来るようになっていた。幼少の克則（のちにヤクルト）を連れて、ネット裏に陣取り、野村監督がバッターボックスに入ると、「パパよー、パパよー」と立ち上がって声援を送っていた。ピッチャー陣は「上がり」、つまり登板予定がない日には、その後方の席で観戦していたので、サッチーの姿がよく目に入った。

当時、野村監督は前妻と離婚協議中だったため、マスコミではサッチーとの関係が取り沙汰されていた。ただ、それは個人のことなので、他人がとやかく言う筋合いはない。

問題は、サッチーがチームへの〝介入〟を始めたことだ。大阪球場に電話をかけてきて、「なんであんな選手を使ってるの！」「コーチを出しなさい」などと怒鳴る。選手起用が悪いからと、バッティング・コーチを電話口に呼び出せというのだ。

なぜ電話の内容がわかったのか。実は選手たちは、電話交換室にしばしば出入りしていた。冷房が効いた電話交換室を、休憩所代わりにしていたのだ。電話の内容は、交換室中に聞こえる。携帯電話もメールもない時代。プライベートな会話も、丸わかりだった。

「えらいこと言うオバハンやな」「公私混同でひっかきまわさないでくれや」選手たちは次第にウンザリするようになる。

不満はほどなく、野村監督に向けられる。73年にパ・リーグを制覇したものの、74年は3位、75年が5位。成績がジリ貧だったことも、不満に拍車をかけた。

シーズンが終わって、選手会が緊急会合をもち、「野村監督に忠告しよう」と決議した。

ただ、決議したものの、ベテランはそろって尻込みする。中堅選手も次々に腰が引ける。

結局、最後まで残った俺と、西岡三四郎、内野手の藤原満さんの3人が、大阪のホテルで直談判した。

「監督、プレーイングマネジャーなんですから、公私の区別をきっちりつけて、選手が納得できるよう、収めてください」

耳の痛い話を、野村監督は神妙な面持ちで「うむ、うむ」と聞いてくれた。

「やっぱり話のわかる人だったな」われわれも安心して引きあげた。

ところが……。

「旅に出てこい」

突然の別れがやってきたのは、直談判のすぐ後のシーズンオフだった。

和歌山・橋本カントリークラブで開催された、選手会のゴルフコンペ。1年間の労をねぎらう恒例行事に「監督が来る」とマネジャーがいう。

(大のゴルフ嫌いで、コンペに参加したことのない野村さんが?)

「賞品を持ってくるそうだ」ハハア、そうか。俺たちの直談判で改心して、選手会に協力し、選手との距離を再び縮めようと考えたのか、と勝手に推測した。

表彰式になると、野村監督が到着した。持参した賞品は、女物の赤いドレス。野村監督の背番号と同じ「19位」になった選手に贈られるという。

赤いドレスをもらっても、どうにもならんなあと思いながら順位発表を聞いていると、

「19位、江本！」

だあぁぁ！　よりによって俺かぁ。前に出て、野村監督から賞品を受け取る。その際、

「帰らずに残っておけ。あとで別室に来い」と、ささやかれた。

（女物のドレスはあまりにもみじめなので、金一封でもくれるんかいな？）またも勝手に推測し、タバコの煙がもうもうと立ち込める野村監督の部屋に入った。

「お前、ちょっと、旅に出てこい」

「なんですか、旅って？」

「ひと言でいえば、トレードや」

息子を勘当するオヤジのような言い方だった。

もともと東映から未勝利で移ってきた身ではある。しかし、南海では一応、中心選手になれた。その俺が……。いろいろな考えが頭を巡り、強烈な孤独感が押し寄せた。

「それで、どこですか？」

「阪神や。江夏とのトレードや。ワシも残りの野球人生で、あれほどのピッチャーのボールを受けてみたい、と思ったんや」

江夏豊は、いわずと知れた剛速球の左ピッチャーだ。それまでプロ9年間で最多勝利二度、シーズン20勝以上四度。1971年のオールスター・ゲームでは9者連続三振を成し遂げている。

そうなのか……。野村監督の気持ちも、わからないではない。江夏が阪神球団ともめていることも知っていた。新任の吉田義男監督とも、ソリは合いそうになかった。

「で、『江夏なら』とまずはOKの返事をしたところ、すかさず吉田さんが『江夏いうたら大投手でっせ。それに見合う人を、くれんとあきまへんで』という。江夏に見合うピッチャーいうたら、江本、お前しかおらんやろ。ウンといってくれ」

また「お前しかおらん」だ。しかも、あの江夏と互角の扱いだ。大物同士と認められたようで、すこぶる気分はよかった。このあたりも野村監督のうまいところだ。

「まあ、それはそうですね」

俺は了承した。赤いドレスは結果的に俺への餞別となった。

その後、南海からは外野手の島野育夫さん、阪神からも江夏ともう1人加わり、「2対

2」に発展。マスコミでも「大型トレード」と大騒ぎになった。ただ、江夏がそれからゴネたため、なかなか正式決定に至らなかった。

やっと発表となったとき、事態はだいぶ変わっていた。

『阪神と南海、2対4のトレード成立』

2対4？ なんのことはない。南海からは俺と島野さんに、長谷川勉、池内豊と若いピッチャー2人がついた。阪神からは江夏と、外野手の望月充だ。

4人なら、俺でなくてもよかったのでは？ ひょっとして、あの直談判で煙たくなって、俺を追い出すことが目的だったのか？ 俺はハメられたのか？……邪推が渦巻いた。

今でも本当のところはわからない。ただ、野村監督が吉田監督にハメられたことは、間違いないとみている。

「もう江夏はウチでは扱えまへん。扱えるのはノムやん、あんたしかおまへん」と吉田監督から煽られ、おだてられ、乗せられていたからだ。

野球そのものにおける頭脳戦では野村監督のほうが長けていても、もめ事の多い球団内で生き抜いてきた吉田監督のほうが、社会人としての駆け引きでは上手だったのだ。

こうして俺の南海での生活は、幕を閉じた。4年間で計52勝53敗。パ・リーグ制覇あり、日本シリーズ出場あり、勉強あり、笑いあり……本当に濃密な4年間だった。

そう考えると、南海を離れるということは、とてつもなく寂しいことだった。

サッチーへの弔辞

さて、野村沙知代さんが2017年12月8日に亡くなった。享年85。

俺が南海を去った後も、サッチーとはさまざまな軋轢があった。お互い譲らぬ性格ゆえ、ボロクソに貶しあったこともある。

ただ、とてもチャーミングな人ではあった。こんな思い出がある。

数年前、私の忘年会パーティで、抽選会の景品に中国の人形を出したことがある。横浜中華街の知人から譲り受けた男児と女児の一対の人形で、小学校1年生の身長と同じくらいの大きさがある。縁起物だそうだが、その大きさゆえ、持ち帰ることができる人も、家に飾れる人も、そうはいない。

「あれを当てた人には、どうフォローしたらいいだろう？」俺はずっと気を揉んでいた。

ところが……。

サッチーはその人形をひと目で気に入り「あれ欲しいわあ。なんとかしてよ！」と、俺にしきりに耳打ちしたのだ。そこまで言われたら、なんとかしないわけにはいかぬ。

俺は大汗をかきながら必死で抽選に手心を加え、「さあ、次はこの中華人形……さあて、どなたが当てるか……おおっ！　野村監督ご夫人、大当たりです！」とプレゼント。

「やったわ〜よかった〜！」サッチーは子どものようにはしゃいでいた。

晩年、顔を合わせるたびに、「アナタにもらったあの人形、玄関に置いてから、我が家にはいいことばかりなの。ありがとうね」と感謝された。

それだけ無邪気に感謝されたら、中華街の知人も喜ぶ。その後も、俺の忘年会にはいつも夫婦で顔を出してくれた。

これをサッチーの最後の思い出として、大切にしまっておきたい。

野村さんも、サッチーのことで誤解され、ずいぶん損したこともあったかもしれない。しかし、野村さんにとっては、サッチーは何者にも替えがたい存在だったのだろう。頭脳も肉体も超一流で、球界のスーパースターだったけれど、それでも心のどこかに足りないものを抱え、サッチーによって心の安定を得ていたのかもしれない。ともあれ、夫婦のことは他人がとやかく言うべきことではない。

野村さんについて、ずいぶん厳しくコメントしたこともあるが、今となっては感謝の気持ちしかない。

以前、ＮＨＫのドキュメンタリーで野村さんの生い立ちを放映していた。俺はそれを涙なしには見られなかった。幼少の頃の貧困や家庭環境などいろんなものが野村さんの中にはあり、それが原動力であり、なおかつ人間としての弱さでもあったのだと思う。

そして、それを誰よりも理解してくれたのが、サッチーではなかったか。

サッチーは野村さんに看取られながら息をひきとった。

最期の言葉は、「手を握って」だったという。

第5章　ベンチの後始末

阪神タイガース時代

1981年8月26日、運命のヤクルト戦。ベンチから采配放棄されたあげく、途中降板。怒りのあまり、グラブを放り投げる瞬間

甲子園の恨みを晴らす

「因果は巡るものだなあ。人生、捨てたもんじゃない……」

それまでの野球人生が、走馬灯のようにフラッシュバックした。

1975年のシーズンオフ。俺は南海ホークスからトレードで阪神タイガースに移籍した。入団会見後、カメラマンから「撮影があるので、こちらに来てください」と案内されたのが、甲子園球場のマウンドだった。カメラに向かってピッチング・フォームのポーズをとり、一塁側ベンチ後方のスタンドを見る。そのとき、ふと気づいた。

「そうだ！　10年前、俺はあそこで涙にくれていたんだ」

17歳だった65年、大会直前に野球部員の暴力行為が発覚。センバツ出場取り消し処分を受けた俺は一塁側スタンドで見学。「本来なら自分たちがこの場所に立っていたのに」と、一生分の涙を流した。以後、「甲子園の恨みを晴らす」の一念で、野球を続けてきた。

そして、ようやく甲子園にたどり着いた。何の因果か運命か……。

「さあ、存分に恨みを晴らせ！」天の声に背中を押される思いがした。

それ以外にも阪神とは浅からぬ縁があった。熊谷組時代、ドラフト指名にかからず、プロのキャンプ地へ乗り込み、テストで入団することをもくろんでいた。その最初のターゲットが阪神だった。中学時代、初めてプロ野球選手のサインをもらったのも、阪神の村山実さんだった。そう考えると、南海・野村克也監督にトレードを通告されたときの寂しさは、消えていた。

捨てる神あれば、拾う神あり。悪いことがあれば、良いこともある。まさに俺の野球人生、そのものではないか。

明けて76年。キャンプ、オープン戦と順調に調整を重ね、俺は先発ローテーションに加わった。

先発陣は、俺、古沢憲司、上田二朗、谷村智啓《ともひろ》。シーズン130試合中、ほぼこの4人で120試合近く投げた。したがって、中4日の先発が当たり前。それも俺の8完投を筆頭に、みな基本は先発・完投だ。さらに全員、リリーフもこなした。4人とも、同学年。ライバル意識も強く、負けん気に燃えていた。「当然、俺が先発だろう」と人より一歩、前に出た。休もうとか、譲ろうとか、考えもしない。

今の時代にそんなことをしたら、球団トレーナーが「そんなに投げさせたら、壊れる」とストップさせているだろう。だが、不思議と誰も壊れなかった。マッサージを受け、柔軟体操して、遠投して、ブルペンで調整する。それが登板間隔中のルーティン。トレーナーも、1軍にせいぜい2人しかいない。腕がいいから、多くは必要なかった。中でも、俺の体をもみほぐしてくれた猿木忠男は〝ゴッドハンド〟の持ち主で、肩や肘の張りや疲労を見事に取り除いてくれた。名トレーナーは、どのチームにもいた。

アイシングもしない。ランニングはしたが筋トレはしない。そういう時代だったのである。

長嶋さんのスイングで見た「フラッシュ」

「巡る因果」を、再び噛みしめることになったのは、移籍後初の巨人戦だった。後楽園球場だったが、日付は覚えていない。なにしろ、夢心地だった。

1回裏。巨人の攻撃開始前。マウンドで2、3球投げて、一塁側ベンチを、チラリとのぞいた。そこにいたのは長嶋茂雄監督だった。真っ白いユニホームに、ひげそりあとが青々とした顔。間違いない。長嶋さんだ。

小学校のとき、父親が買ってきた雑誌の表紙を飾っていたのが、立教時代の長嶋さん。その雄姿にあこがれたことが、野球人生の原点だった。

「長嶋さんに近づく。長嶋さんと同じ舞台に立つ。長嶋さんの近くでプレーする」

その一念で、長嶋さんが活躍した東京六大学リーグを選び、プロの門も叩いた。

じつは長嶋さんとは南海時代、オープン戦で一度だけ対戦している。

公式戦では客が入らない大阪球場も、巨人が相手というだけで、オープン戦でも超満員になった。テレビ中継もある。

ただでさえ興奮するマウンド。打順が4番に回ると、長嶋さんがバッターボックスに入ってくる。調子は悪そうだったが、オーラは凄まじかった。

足が震えた。舞い上がった。ビビッていた！

唯一、鮮明に覚えているのは、フラッシュが光ったこと。

カメラのフラッシュ、ではない。長嶋さんがスイングしたら、バッターボックスから、ピカッとフラッシュが焚かれたように見えたのだ。打球は光速で飛んでいき、レフト正面へのライナーだった。

あとにも先にも、あんなフラッシュのようなものを見たことはない。俺は密かに、「フラッシュ・長嶋さん」とニックネームをつけている。

その長嶋さんは監督に就任していたが、きょうからは同じリーグで戦えるのだ。

（やっとここまでまいりました。あなたに晴れ姿を見てもらえるまでになりました。ありがとうございます）俺は胸の中で手を合わせた。

マウンドで正面に向き直ると、法政の1年先輩、田淵幸一さんが、キャッチャーミットを構えている。

（田淵さんとは東京六大学3年春のリーグ戦で胴上げバッテリーになったな。阪神加入を喜んでくれたな。ここでもバッテリーを組むんだなあ）

押し寄せる感慨の波で、しばらくは巨人打線が目に入らなかった。1球投げては横を向いて「どうですか？」とばかり、ベンチの長嶋さんを見ていた。

1番・柴田勲さん。2番・高田繁さん。そして3番・張本勲さんで、また感慨。

（東映でキャンプに途中合流したその夜、部屋に呼び出されたっけ。最初のフリーバッティング登板で、ノーコンの俺のボールを全部、打ってくれたなあ）

その恩人が、このシーズンから巨人に移籍していた。

そして4番・王貞治さん。世界のホームラン王だ。

だが、肝心の試合内容も、試合結果も、ロクに覚えていない。

無理もない。1球投げては長嶋さんばかり見ていたのだから。

ロールスロイスで巨人戦入り

天にも昇る心境で投げていたのは、初対決だけ。巨人戦ではその後、大いに対抗意識を燃やしたものだ。

今と違って、甲子園球場は巨人戦以外、ガラガラだった。

「他チームとの勝ち負けなんて、二の次や。巨人に勝ってナンボ」ファンの巨人への対抗心はすごかったし、俺も「王さんを打ち取って、巨人に勝ってナンボ」と意識していた。

関西のいわゆる〝タニマチ〟も、対抗意識むき出しだった。食事から夜の街まで、よく面倒をみてくれた鉄工所の社長がいた。高級車を何台も所有していた。甲子園での巨人戦が近づくと、決まって電話をかけてくる。

「エモやん、何戦目に投げるんや？」

「それはルール上言えませんが、3連戦のどこかで投げることにはなるでしょう」

「そやったら、先発する日、ウチのロールスロイス、甲子園に乗ってってや」

「ロールスロイス!?」

「そんなもん、アンタ、長嶋、王はみんな、ロールスやで。巨人に負けたらアカン。球場入りのときから、クルマでも巨人に負けたらアカン」

もともと俺は「巨人」というブランドに、反発心を抱いていた。東映でのプロ1年目。神奈川・川崎市の多摩川グラウンドで2軍落ちしていたとき。対岸の東京側の巨人2軍との環境と待遇の差を見せつけられた。

1軍にいたときも、肌で格差を感じた。東映の関西遠征時の宿舎は、兵庫・芦屋市のホテルだった。そこは巨人も定宿にしていた。ホテルの名物は肉料理。すき焼きが出されると、選手は争って鍋をつついた。若くて安月給の身には、何よりの楽しみだった。

ところが、東映では肉は1人前ずつしかなかったのに、巨人は肉のおかわりし放題だという。主力選手には別皿でステーキなども出されたという。

劣等感……。食い物の恨みは終生、ついてまわる。

大乱闘で巨人の選手をボコボコに?

巨人戦では選手がグラウンドに入ってきた瞬間から、両軍のヤジ合戦が始まった。

「北新地で飲み過ぎたのか〜足がふらついてるぞ〜」

「オンナと朝までか〜腰がガクガクしとるで〜」

ヤジ合戦がヒートアップして、乱闘になることも珍しくない。グラウンドにひとたび足を踏み入れたら、そこは戦場だった。

乱闘の中で、俺の記憶に最も残っているのが、後楽園球場での張本さんだ。

クレイジー・ライトとモメたとき、両軍、ホームベース付近で殴り合い、蹴り合いになった。すると、両肩をいからせながら、レフトの張本さんがマウンドに向かってきた。

（ああっ、マズいっ！）

そのとき、俺のうしろに来た張本さんは両手を広げ、制止するポーズをとりながら、顔を近づけた。そしてドスのきいた声で、こうささやいた。

「おいエモ、○○、いけ！」

「ハア？」○○とは巨人の主力選手。そいつをボコボコにしろ、という意味だ。

張本さんは巨人の選手なのに、いったいなぜ？

のちに知ったことだが、巨人軍生え抜きの○○選手は、「巨人の主力」というプライドが人一倍高く、嫁いびりのように〝外様〟の張本さんにネチネチあたっていたらしい。

そこで乱闘にまぎれて、制止の構えをみせつつ、俺を使って○○選手への恨みを晴らそうとしていたわけだ。

はたして張本さんの指示通りに俺は○○をボコボコにしたかどうか、このときはあまりの大乱闘だったので、ハッキリ覚えていない。

しかしまあ、俺も相当ムチャをしたことがある。

広島の盗塁王、高橋慶彦と対戦したときのこと。状況は2アウトで、ランナー二塁。ベンチから「敬遠」のサインが出た。高橋をフォアボールで歩かせ、塁を埋めれば、フォースアウトも取れる。内野陣を守りやすくさせるためだ。

だが、俺はこれにカチンときた。高橋に？　敬遠？　フォアボール？

「お前にボールを4つも投げるのはシャクだなあ。おい、いくで！」

マウンドから宣言してやった。

この場合の「いく」は、体にぶつける、という意味。4球も投げるのは我慢ならない。デッドボールなら1球で済む。

「ドスッ！」左バッターボックスに立つ高橋の、右腰に見事命中。

こういうときだけ、コントロールがいい。

「本当にぶつけるんですもん。ひどいですよ〜」

一塁ベース上で、泣きを入れる高橋は半分怒っていた。

王さんを抑えてナンボ

まじめな野球の話に戻ろう。

「打倒・巨人、それには王さんを封じるしかない」そこに集中していた俺は、実際に、そこそこの〝王キラー〟ぶりを見せたと自負している。

王さんには阪神一年目のオープン戦で一度、手痛い目にあわされた。満塁のピンチで打席に迎えたときだ。ボールカウントは2ストライク1ボール。追い込んだところで、色気が出た。

「インコース、低めのまっすぐで、見逃し三振を取る。それで、どうですか」と胸の中でつぶやき、キャッチャーがサインを出すのを待つ。

田淵さんのサインも「インロー、まっすぐ」一致した。バッテリーの呼吸はピタリ。

「天下の王さんから見逃し三振。カッコええがな。気分ええがな」俺は魅入られたようにボールを投げた。そういうときに限って力《りき》んでしまい、ボールはひと回転分、真ん中に寄ってしまう。そこを見逃す王さんではない。

「カーン！」たちまち満塁ホームランだ。

これこそが、マウンドに棲むといわれる〝魔物〟の正体だった。色気を出し、欲をかいた瞬間、ボールが少しだけ甘くなったのだ。

投げる前に、よけいな邪心はダメ！　改めて思い知らされた。

教訓はその後、公式戦で生きることになる。

延長戦で12回を完投して、2—2で時間切れ引き分けに持ち込んだ試合。最後の最後に迎えた打者が王さんだった。しかも2アウト満塁。一打サヨナラ負けの大ピンチだ。

ボールカウントは、これまた2ストライク1ボール。

（インコースのまっすぐで、カッコよく締めくくれ！）悪魔のささやきが聞こえる。

（ダメ、ダメ、ここはグッとこらえて……）同じインコースの低めへ、今度はカーブ。

そして空振り三振！　緊張の糸が切れたせいか、ヘナヘナとマウンドに崩れ落ちたことを覚えている。

逃げながら、攻める。攻めていると思わせながら、逃げる。これがピッチングの極意だ。攻め一本でも逃げ一本でも、必ずやられる。痛い目にあわないと、そのテクニックは身につかない。

俺にはちょっと誇れる記録がある。王さんには公式戦でホームランを1本しか打たれておらず、打率も0割台に封じ込めていることだ。50打席以上対戦したピッチャーの中で、実は1位の記録だ。「王貞治の珍記録」にも出ている。「珍」が気に入らないが……。

巨人戦の通算成績も15勝9敗。1シーズンで7勝したこともあった。

今でも「現役時代は、巨人戦に強かったですね」と言われることがある。巨人に勝ってナンボ、王さんを抑えてナンボ、という精神で戦ってきた俺にとっては、くすぐったいが、最高のほめ言葉だ。

田淵・古沢放出の衝撃

阪神に移籍して最も驚いたのは、サインが「1本」しかなかったことだ。1本とは、1球に対してひとつのサインしかないことを意味する。複雑なサインは一切なし。

「これでは相手側に丸見えじゃないか……」

野村さん仕込みのシンキング・ベースボールで鍛えられた俺は、拍子抜けした。

「それで勝っているんだから、逆にいえばこのチーム、本当に強いということや」

一緒に南海から移籍してきた島野育夫さんは、妙に感心していた。

それだけではない。いくら吉田義男監督に「のぞかれてます。危険です」と忠告しても、

「プロのチームがそんなこと、しまっかいな」と信じなかった。

（こらアカンわ……）

吉田監督は試合に負けても、「なぜ負けたか？」「なぜ相手はこういう戦術で来るのか？」を分析するのではなく、単純に「相手がよく頑張ったから」としか考えていないようだった。この感覚のズレへの違和感は、最後までぬぐえなかった。

それでも俺は阪神初年度の１９７６年は15勝９敗、77年が11勝14敗１セーブ。78年が11勝13敗11セーブ。先発に、リリーフにと重宝された。ちなみにトレード相手の江夏は76年は６勝だった。

しかし、戦術もクソもない野球を続けていれば、チームの長期低迷は避けられない。チームは77年が４位。監督が後藤次男さんに代わった78年が、球団史上初の最下位。まさに転落の一途だ。

シーズンオフに入ると、「改革」が叫ばれるようになっていた。俺は大学の先輩でもある主砲の田淵幸一さん、よきライバルだった古沢憲司らとひそかに改革案を話し合っていた。

78年10月中旬の深夜。堺市内で、その田淵さん、古沢らと俺の親戚宅でマージャン卓を囲んでいたときだ。田淵さんの奥さんから電話があり、球団から連絡があったという。

「エッ!………」田淵さんは絶句したまま受話器を置き、そそくさと帰っていった。

「なんや、こんな真夜中に?」古沢と顔を見合わせる。

「ひょっとして、トレードちゃうか!?」点棒計算の手が止まる。

「球団からこんな時間に電話って、それくらいしか考えられんもんな。緊急トレードや。主砲のトレードや。エライことやな、田淵さんも」

予想は当たった。田淵さんは深夜に呼び出され、西武へのトレード通告を受けたのだ。

そして予想外だったのは、翌日、古沢もトレードの一員に入っていたことだ。西武からは内野手の真弓明信、外野手の竹之内雅史さん、キャッチャーの若菜嘉晴、ピッチャーの竹田和史。「2対4」の大型トレードだった。

俺は古沢とは、妙に気が合っていた。よきライバルでもあった。武骨を絵に描いたような顔立ち。武闘派で、乱闘になると、ブルペンにいても誰よりも先に駆けつける。こいつに後れをとってはならんと、俺も張り切る。2人で乱闘の先陣争いをしていた。

キャンプのブルペンでも、競い合った。古沢が横で投げる。

「お、速いな」こっちも負けじとギアを上げる。100球の予定が130球、150球と増えていく。相手がやめるまで、投げ続けた。ランニングやダッシュでも、同じだった。グラウンドではよきライバル。球場を一歩出れば一心同体。食事、クラブ、ゴルフ、マージャン……ありとあらゆる行動を共にした。武闘派ながら、朴訥で、どこか人なつっこい。古沢は誰からも好かれていた。

そんな盟友・古沢と、主砲の田淵さんが同時にいなくなってしまう。しかも、まさにこの2人と「チームをなんとかしなけりゃアカン」と、話し合っていただけに、俺は大きなショックを受けた。

ついには「僕もトレードに出してください」と、球団に申し出たほどだ。

俺は阪神の球団経営陣になんとなく今までとは違う空気を感じた。

選手会長就任

球団史上初の最下位。「改革」の波は、俺にも押し寄せた。選手会の会合で、俺は手をあげていないのに、初代選手会長になったのだ。しかも〝外様〟の選手会長だ。「なんでや。ほかにおるやろ」と断ろうとすると、口々に「いや、お前しかおらん」。

その理由を聞いて、納得した。

このオフ、小津正次郎さんが球団社長に就任した。阪神電鉄本社の労務担当の専務という実力者で、労働組合を相手に辣腕をふるった叩き上げだ。権謀術数を駆使し、のちには「オズの魔法使い」とも呼ばれた。

「そんな社長に対抗できるのは、エモ、お前だけやろ」というわけだ。

小津球団社長との初対面では、「タイガースの改革に、一番必要なものは？」と意見を求められた。

「フロントにゴマをすって長年コーチなどをやってるヤツがいたりする。実力のみで評価できる監督を呼んでください。それも、本当に野球を知っている人を、です」

そして後日、また小津社長に呼ばれた。

「監督、決めたで」

「誰ですか？」

「ブレイザーや」

「エッ、なぜですか？」

「お前言うとったやろ。野球を知っている監督で、ゴマすったりしない人を、って」

さきも述べたように、ブレイザーは南海に「シンキング・ベースボール」を植え付けた人だ。もちろん、ナイス・チョイスだ。

「それに、ブレイザーは英語でしゃべるから、ゴマすりも通じないやろ。英語でゴマがすれるヤツは、おらんやろ」

ドン・ブレイザーは確かに実力優先主義だった。いつも「コンセントレイション」(集中しろ)が口ぐせだった。ブレイザーならチームも変わる。確信めいたものがあった。

それにしても、選手会長の意見も取り入れて監督を決めるとは、今では考えられないことだろう。

小林繁の殴り込み

そして、移籍の波もやってきた。1979年2月、サイドハンドのピッチャー小林繁が、電撃的に巨人から移籍してきたのだ。

前年のドラフト会議前日、巨人が〝空白の一日〟をついて、江川卓と契約した。ところがドラフト会議では巨人がボイコットし、阪神が江川を1位指名して獲得。すったもんだの末、明けて1月31日、阪神がいったん江川を獲得し、即日小林とトレードというウルトラCで決着したわけだ。

1月31日、巨人の宮崎キャンプへ向かう途中にトレード通告された小林は、一躍、悲劇のヒーローとなった。2月中旬、高知・安芸市のキャンプに合流すると、マスコミとファンが殺到。空前絶後の大フィーバー。多いときには、朝から1万人が押し寄せた。安芸市の人口のほぼ半分だ。球場へつながる国道は鈴なりの渋滞になっていた。

俺は小津社長から「小林の面倒を見てやってくれ」と頼まれた。

小林は当時、投手として全盛期。甘いマスクとスリムな体から「細腕繁盛記」と呼ばれていた。その勢いで、このシーズンは22勝をマークして最多勝。とくに巨人戦には無傷の8連勝で、反骨心むきだしで古巣に立ち向かっていた。

しかも、ソフトで女性にモテそうなイメージと違い、驚くほどケンカっ早い男だった。シーズン中、ヤクルト相手の長崎遠征では、さすがの俺も慌てる一幕があった。

1戦目。小林はヤクルトから猛烈なヤジを受けた。小林は当時、有名歌手と交際中とかで、球界にも噂が広がっていた。それをおちょくられたのだ。

それでアタマに血が上ったせいか、ボロボロに打ち崩され、小林はグラブをマウンドに叩きつけた。その晩……。

「あんなヤジ、ありませんよ。許せませんよ」俺の部屋にやってきた小林が憤る。

「あれはひどかったな」

「明日、殴り込みに行ってもいいですか」

「おう、ああいう悪質なヤツは一度いわさんとイカン。やったれやったれ」

俺もそうしたケジメはキッチリつけないと気がすまないタイプだから、そう答えた。しかし、そのときはまさか本気だとは思わなかった。

すると、いったん部屋に戻った小林が、スパイクを持ってきて、歯をヤスリで研ぎ始めたではないか。眼が完全にすわっている。

「これで一発やってやります」鋭い刃のようになったスパイクを、小林が握り締める。

(マズいことになったなあ……でもまあ、一晩寝たら、落ち着くだろう)

俺は一抹の不安を抱えて寝床についた。

ヤジを命じたのは選手会長

さて翌日のデーゲーム。バスが球場についた途端、小林はそのスパイクを握り締めて、外野で練習していたヤジの主、松岡弘《ひろむ》と安田猛を目がけて突進していくではないか。

「わわわ！　エモ、エモ、なんとかしてくれぇ！」松岡と安田が恐れをなして逃げまどう。

「まさかこいつ、本気でやるとは！」俺は必死で小林を制止した。

小林はそれでも前のめりになって、向かっていこうとする。まさに猛獣の目つきだ。

なんとか間に入って止めたが、これは選手会長同士で話をつけなくてはなるまい。

俺は、ヤクルトの選手会長、大杉勝男さんをロッカールームに訪ねた。東映時代の先輩で、プロ初のフリーバッティング登板でストライクが入らず、怒鳴られた怖い人だ。

相変わらず球界一ケンカが強い人として恐れられていたが、この際、そんなことは気にしちゃいられない。俺はムカムカしながら切り出した。

「大杉さん、プライベートなことで汚いヤジを飛ばすのは、お互いやめにしませんか」

「なにっ！　松岡と安田？　ふむふむ、ケシカラン。エモのいう通りだ。よし、ミーティングで俺からキッチリ話をする。とりあえず、話がついたということにしよう」

ホッとした俺はグラウンドへ戻り、小林には「アイツらには、すました顔してバチャッとデッドボール当てときゃエエやん」と説得した。

そして松岡と安田には「かくかくしかじかで大杉さんと話をつけてきたから、もうヤジるな」と告げた。すると2人は顔を見合わせて、こうボヤいた。

「エッ？　大杉さん、そんなこと言ってたのか？　俺たちに『ヤジれ！』と命令したのは大杉さんなんだぜ」

小林といい、大杉さんといい、手のかかること、この上ない。いまやその2人とも、他界してしまったが……。

じつは小林とは巨人にいたころからの知り合いで、仲が良かった。

プロゴルファーの「ジャンボ」こと尾崎将司さんが千葉・習志野市の自宅で開くパーティに、俺もよく呼ばれた。ジャンボ尾崎さんはもともと徳島県立海南高校のエースで、センバツ優勝経験もある。俺も高校時代に対戦したことがあった。ゴルフに転じる前は、西鉄のピッチャー。「ジャンボ軍団」vs.「プロ野球選手」による「草野球大会」が毎年恒例になっていて、巨人、ヤクルトの選手らと交流があったからだ。

オフになるとジャンボ家で後援者も含む盛大なパーティが開かれ、そこに阪神からただ一人、俺が招かれ、巨人からは小林が招かれていた。美空ひばりさんら、昭和の大スターもたくさん集まる、大宴会だった。

お開きになると、別棟の部屋に通され、小林と同室になる。部屋を見回すと、ジャンボさんの弟、健夫と直道のギターが置いてある。翌朝はゴルフコンペ。早く眠りにつきたい。小林に頼んだ。

「子守歌、やってくれや」

小林はギターも歌もうまい。耳に心地よい。俺が眠りにつくまで弾き語りをしてくれた。小林とは、そういう関係だった。阪神で一緒になったのも、また縁だろう。

ブレイザー監督の電撃解任

ブレイザー監督の1年目、1979年のチームは4位。最下位から脱し、名門再建の道筋が見えてきた。そんな矢先の80年、阪神球団の悪い病気が出る。

発端は、早大の岡田彰布《あきのぶ》がドラフト1位で入団したことだ。東京六大学で通算ホームラン20本のスラッガー。大阪市生まれで、高校も地元の北陽。甲子園にも出場している。阪神にはそれまで、大阪出身の大スターがいなかった。ヒーローインタビューでは、みな関東弁。実は地元色は薄かった。

ようやく、コテコテの大阪人が入ってくる。球団もファンも、大きな期待を寄せた。

ブレイザー監督も「金の卵」と認め、じっくり育てようとした。岡田のポジションであるセカンドには、榊原良行という名手もいたため、「これなら1軍でずっと活躍できる、と確信を持てるようになるまで、岡田を安易には使わない」と宣言していた。ちょっと出して、すぐ引っ込めるの繰り返しでは、選手は育たないからだ。

ところが喉元過ぎれば熱さ忘れる。マスコミとファンは、その監督の信念と親心を、受け入れてはくれなかった。最下位から一歩一歩はい上がろうとしていたチームの現状を、もう忘れていた。地元の星・岡田加入で、浮かれてしまったのだ。

「なぜ、岡田を使わないんや?」の大ブーイングが、球団に向けられた。ブレイザー監督の家族にまで、カミソリ入りの手紙が送りつけられるようになった。

5月。ゴールデンウィーク明けの岡山遠征の際、「話を聞いてくれ」と監督に呼ばれ、ホテルのラウンジで悩みを打ち明けられた。

「これだけ岡田を育てようとしているのに、わかってくれない。小津社長も、岡田を使えとプレッシャーをかけてくる。だが、それは私の信念に反する。できないことだ」

通訳を交えて、切々と訴えてくる。あの小津社長までも、か……。

「家族まで脅迫されて、もう、いやになる。江本にだけは言う。わかってくれ」

翌日の広島遠征。ブレイザー監督の姿はなかった。〝電撃退団〟していたのだ。

ブレイザー監督でなければ、阪神は改革できなかった。ついに再建のチャンスは消えたと、俺は失望感を覚えた。

そこに追い打ちをかけたのが、中西太バッティング・コーチの代理監督就任だ。広島市内のホテルから、球場へ向かうバスの中。中西さんはマイクを握り、「きょうからワシが監督や」と言うではないか。

中西さんは西鉄黄金時代の主砲で、実績は申し分ない。コーチ能力もある。しかし、日本ハムでは2年連続で最下位になり、監督を解任されている。「ワシはバッティング・コーチが天職。監督には向かない。やらんよ、あんなもん」と、本人も口にしていた。

その中西さんが、すんなり代理監督の座におさまった。

俺の気持ちの糸は、これでぷっつり切れた。

なぜか。中西さんとは、因縁があったからだ。

中西コーチに逆らった代償

話は1979年2月、アメリカ・アリゾナ州でのキャンプにさかのぼる。

ピッチャー陣が、外野でランニング練習をしていたときだ。「カコーン」「カコーン」乾いた音とともに、バッターボックスから、打球が飛んでくる。危険きわまりない。

「危ないぞー！　ピッチャー、ランニング中や！」

大声で注意を促しても、特打が止まる気配はない。ランニング中に打球を飛ばすとは、なんたる無神経さか。それも、打っているのは控えの選手ではないか。

不安は的中。打球が若手ピッチャーの体に当たってしまった。ランニング、中断。

「冗談じゃない。やめさせて下さい」俺はバッティング・コーチの中西さんの元に駆け寄り、猛抗議した。

（ひょっとして、ピッチャーのことを下に見ているのか⁉）

ホテルに戻っても、怒りは収まらず、中西さんの部屋に乗り込んだ。

「いい加減にせえや！」つい、タバコとライターを、ベッドに投げつけてしまった。

この経緯から、中西さんが監督になったとき、俺は観念した。

「もう使ってもらえんようになる。干されるわ……」

実際、それまで8年連続で2桁勝利をマークしていたのに、中西監督になった80年は8勝止まりだった。本当は、10年連続をめざしていたのに……。

「もう辞めようかな」という気持ちが、ふと頭をよぎるようになった。

その年のシーズンオフ。俺は岡崎義人球団代表に直訴した。

「クビにするか、トレードに出すか、どちらかにしてください」

「まあまあ、そんなこと言わんと。アンタがおらんと困ります」

チームは5位と、再び沈んでいた。俺は8勝止まりとはいえ、前年まで3年連続で開幕投手を務めている。チームをまとめる上でも不可欠だと、慰留された。

岡崎代表は、こんな提案までしてきた。

「1年間だけ、我慢してくれ。その代わり、好きなことしてエエ」

「では、自主トレには行きませんよ。しても、ろくなことありませんから」

「自主トレ、来んでエエ。安芸キャンプの初日に入ってくればエエ。家族でハワイ旅行にでも行ってきなさい。100万円、あげるから」

年俸1800万円プラス電鉄本社から旅行費100万円の贈呈。前代未聞の待遇だが、それでも当時のプロ野球選手の収入はこんなものだった。

「それでは、もう1年、我慢します」

ただし、「1年後のオフ、トレードに出してもらう」という条件つきで、残留を決めた。

干されるとはこういうこと

だが、その口約束を信じた俺が甘かった。

1981年1月。岡崎代表に勧められた通り、俺は家族でハワイへ旅行した。帰国後、キャンプ開始前日に、悠然と安芸に入った。

俺が不在の間、甲子園では合同自主トレが行われていた。当時は監督とスタッフも参加、指導していて、さながらプレ・キャンプの様相だった。

中西監督とコーチ陣は「江本のヤツ、本当に来ない」と、腹を立てていたことだろう。

2月中旬、キャンプ地は安芸からアリゾナに移った。調子は良かった。しかし、待っていたのは、あからさまな冷遇だった。藤江清志ピッチング・コーチから、いつまでたっても、実戦登板のスケジュールを教えてもらえない。

登板機会のないまま2月末、アリゾナでのオープン戦のラストゲーム、インディアンス戦。さすがに今日は登板があるだろうと指示を待っていた。

通常、この時期から3イニング、5イニングと調整のステップを踏んでいく。3月に入ると、7イニングへと増やし、さらに2試合ほど完投して、シーズン開幕を迎えるものだ。

それでも結局、何の音沙汰もなし。

投手のミーティングで「俺、いつ投げるんですか」と、しびれを切らせて藤江コーチに聞くと「あ、忘れとった」結局、最終戦でメジャー相手に3イニング投げて無失点。調子は良かったが、帰国しても、先発なのかリリーフなのか、役割も伝えてくれない。先発とリリーフでは、調整のしかたが変わってくる。このままでは、いくら何でも困る。オープン戦も終わろうというとき、藤江コーチに問いただし、「あ、そうや。開幕から、リリーフで頼みたいんやが」やっと、指示らしい指示が出た。

「まあ、どっちでも、いいですわ」こっちも完全にやる気を失っていた。

こうして81年、最後のシーズンに突入した。

あからさまな「江本外し」

開幕からリリーフ専任を言い渡された俺は、これでもかとばかり、理不尽な仕打ちを受けた。

ゲーム終盤、僅差でリード。「ここは出番だ」という場面でも、登板指令が下されない。チームは負けが込んでくる。打てない、抑えられない。打線も投手陣もボロボロだ。「やっぱり先発してくれ」先発ピッチャー不足に陥って、急に、お鉢がまわってきた。すべてが行き当たりばったりだ。このチーム状態では、勝てないわ……。

薄れゆく意欲をなんとか保ちながら迎えた6月の札幌遠征。俺は先発して5回を投げ終え、スコアは2—0だった。

「よし、調子はいい。あと4イニング、いける」

6回も、当然のようにベンチを出て、マウンドに向かおうとすると……。

「おい、エモ、エモ。もう、いいわ。交代や」藤江コーチに呼び止められた。

「ええーっ。この展開で!? まだ、いけまっせ！」

「いや、あのな、若いピッチャーを、育てたいから」問答無用で降板だ。

しかも、俺のあとを継いだその若手はあっという間に3失点し、逆転された。俺の勝ち星もフイになった。

俺はさすがにアタマにきて、ロッカールームでさっさと荷物をまとめた。正面入り口から出ることすらイヤになり、ベンチの窓をガラリと開け、札幌円山球場から抜け出した。

窓の外には、現地の友人が迎えに来ていた。球場外の食堂でテレビ観戦して、ゲーム内容は知っている。俺が怒って、窓から飛び出して来るのを予想していたのだ。

「お、いたな。いこか。アホらしいて、こんな所におられんわ」

まだゲーム中にもかかわらず、俺は友人とともにホテルへ帰った。

8月は「死のロード」と呼ばれる長期遠征がある。甲子園を高校野球に明け渡すためだ。

その直前、俺は巨人戦で完投勝利したが、寝違えて首を痛めていた。もっとも、寝違えなど故障のうちに入らない。1、2日で治る。ところが……。

「イカン、イカン。休め、休め。とりあえず戻って、調整してくれ」ロードを横目に遠征から帰って待機を命じられた。これ幸いの〝江本外し〟だろう。

安藤統男《もとお》2軍監督には「エモ、どこも悪くないやんか」と、けげんな顔をされた。すでにガマンの限界だ。怒りのマグマが着実に溜め込まれた！

そして、ついに爆発することになる。

「ベンチがアホ」騒動の真相

8月26日、「死のロード」から甲子園に帰ってきた初戦のヤクルト戦。急に「ピッチャーがいない。先発してくれ」と1軍から連絡が入った。

チームは勝率5割ちょうどで3位に甘んじていた。俺自身、リリーフだったり先発だったりと都合よく使われ、4勝しか挙げていない。

「このゲームだけは、意地でも勝ってやる」ひさびさに燃えた。最初から飛ばした。

8回にきて、スコアを4—2と追い上げられ、なお2アウト二、三塁という、一打同点のピンチを迎えた。

バッターボックスには8番の水谷新太郎。次は9番。さあ、どうする!? 勝負か、敬遠か。はたまたピッチャー交代か？

マウンドに内野陣も集まり、一塁側ベンチの指示を仰ごうとした。ところが、監督の仕事の最大の場面を迎えたにもかかわらず、中西監督はソッポを向いて、ベンチ裏にコソコソと消えて行くではないか。

「おいおい、この大事な局面で、采配放棄かよ」

掛布雅之、岡田彰布、藤田平……内野手一同と、顔を見合わせた。

じつは以前、東映時代の先輩、張本勲さんに「中西さんはピンチになるとベンチ裏に逃げていく」と忠告されていた。なるほど、それか。まさかと思ったが、すこし動揺した。仕方がない。キャッチャーの笠間雄二に「中腰に構えろ」と指示した。初球は高めに外して、様子を見ることにしたのだ。ベンチに策を考える猶予を与える意味合いもあった。

俺は中途半端な気持ちのままマウンドにいたせいか、その初球、高めに外したが、水谷に飛びついて打たれた。打球がライトのグラブに当たって、センター方向へ転々とする間に、二塁打になった。ランナー2人がホームイン。同点に追いつかれてしまった。

「敬遠」と決まっていれば、打たれることはなかったはずだ。あるいは「勝負」の指示が出ていれば、球種もコースも違ってくる。しっかり力を込めて投げてもいたはずだ。もしくは「リリーフ投入」という手もあった。ライトも、初球は様子見で、打球が飛んでくるとは思っていない。腕組みをしたまま立っていた。だから慌てて差し出したグラブを、弾かれてしまったのだ。

すべて監督の指示がなかったせいだ。悔やんでも後の祭り。

「アホか！」怒りに体を震わせた。

同点後、代打が出て、やっとピッチャー交代になった。

俺はベンチからロッカールームに向かう途中、感情を爆発させてウサ晴らし発言！

「くそっ！　アホ！　×●△■、なに考えとんじゃい！」

しかし、実際にどう叫んだかは、正確には覚えていない。通路は、いわば緩衝地帯。降板させられたピッチャーたちが怒りをぶちまけ、うっぷんを晴らすエリアだ。

だいぶあとで知ったことだが、後ろに付き添った猿木忠男チーフトレーナーによると、俺の発言はこうだった。

「くそっ。バカッ。何を考えとんねん。このくそベンチ！」

これが翌日のスポーツ新聞各紙では、あの有名なフレーズに変化していった。

『ベンチがアホやから野球がでけへん』

通路にはスポーツ新聞の若手記者が3人いて、俺の絶叫と荒れ具合を見ていた。若手3人は、キャップクラスの記者に報告した。俺だけではなく、マスコミも「ベンチはアホ」だと常々、思っていたはずだ。そのことは、彼らの日頃の言動から、感じ取っていた。

また、彼らが単独で聞いていたのなら、違っていたかもしれない。しかし、ライバル紙の記者も居合わせている。特オチは痛い。そこで、〝みんなで書けばこわくない〟の方向へと転がっていった。

若手記者→キャップ→各社……。伝言ゲームの末、「ベンチがアホ」と、キャッチコピーのような、わかりやすい文言に、練り上げられた。これが真相だ。

球団からの呼び出し

ヤクルト戦で降板した夜。甲子園球場近くの行き付けのスナックで、俺はひと息ついていた。すると、球団から家に電話がかかってきたという。

「明日午後1時に事務所に来てくれ。事情を聴きたい」

球団フロントはマスコミから「江本がこんなこと言ってました。どうしますか？」と取材をかけられ、慌てて俺を探したのだろう。

「ああ、これで終わったな」瞬時に悟った。切れていた気持ちの糸を巻き戻し、回収して終わろう……。俺は寝床の中で、すでに現役引退を考えていた。

翌朝、8月27日のスポーツ新聞各紙に、同じ見出しが並んだ。

『江本爆弾発言』

『ベンチがアホやから野球がでけへん』

梅田の球団事務所で、俺は岡崎代表、奥井編成部長と対面した。

一連のいきさつの説明を求められたので、ゲームの采配を放棄された場面、ベンチ裏通路で何やら叫んだこと、それを記者に聞かれていたことを、一応説明した。

「どうしたらいいかな、コレ」

岡崎代表は難しい顔をしていた。前代未聞の出来事で、処理の仕方がわからない。しばらく考え込んだ後、奥に消えた。電話で阪神電鉄本社の指示を仰いでいるのだ！

「ハイハイ。10日で。ハイわかりました」会話の一端が、漏れてくる。そして……。

「いま決めたで、ワシが。一応、10日くらい、謹慎してくれるか？」

（ワシじゃなくて本社の裁定でしょう？）白々しく感じて、ますます嫌になったが、岡崎さんの立場上、仕方ないのだろう。そこで俺はこう言った。

「10日間も休むと、元に戻すのに2、3週間はかかります。そうすると9月も終わります。登板機会はなくなります。謹慎10日は、クビというのと一緒ですよ」

「まあまあ、そんなこと言わず……」

「もう、いいです。処分を出す方も気分悪いでしょう。自分がコトを起こしたのですから、責任をとって、辞めます」

「いやいや、とにかく10日間、休んでから……」

「どうせ来年もこの体制なら、こっちも意欲はわきません。トレードに出してくれるならわかりますが、それにしたって、もう気持ちの糸は切れています。辞めさせてください」

これで決まった。

ハートがなければ野球はできない

「任意引退届」と書かれたハガキぐらいのガリ版刷りの紙片を出され、そこに署名した。毎年の契約更改交渉に備えて、球団に預けてあった三文判で、捺印した。

俺はロッカールームにも寄らず、そのままフラリと球団を出た。ロッカーに置いてあった俺のユニホーム、グラブ、スパイクなどはどうなったのか、いまだにわからない。

球団が管理していたスペアのユニホームは、数年前に頼まれて球場内の「甲子園歴史館」に展示されるようになった。歴史……確かに歴史か。

後日、選手会が送別コンペと「南海グリル」でのパーティを開いてくれたが、それを報じる新聞はなかった。「阪神に楯突いた江本の記事なんて」といった空気だった。あれほどスポーツ紙には協力したのにと、手のひらを返された思いがした。シーズンオフ、ネタに困った記者に「名前、使っていいですか？『江本トレード』って1面でバーンとやりたいんで」と、出来レースをよく頼まれたものだ。

「いいよ。どんどん使って。その代わり『放出』という表現は、使わんといて」

仲良しだったはずのマスコミが、球団に忖度して、俺を弾く。いい社会勉強にもなった。

断っておくが、俺はベンチに反抗しただけで、フロントとケンカしたわけではない。むしろ協力的だったほどだ。そこを混同している阪神球団関係者がいまだにいるのは残念だ。

ただ、ファンに対しては、こんな形で辞めたことは失礼だった、とも思っている。

中西監督も藤江コーチも、よく言えばなんとか若手を育てようと、躍起になっていたのだろう。監督としての威厳を保つためには、俺のような生意気な選手には厳しく接しなくてはならなかったのだろう。そうしなければ、チームを統率できていなかったかもしれない。まあ、ベンチの立場や思いは、今となってはよくわかるが……。

いまさらだが残念なことに、当時の俺は、中西監督にも藤江コーチにもハートを感じることができなかった。俺が未熟だったせいかもしれないが、結局は人間だから。

プロ11年間で、通算113勝126敗19セーブ。78完投、17完封。防御率3・52。ドラフト外で、キャンプ途中からプロ入りした身。その割にはよくやった、と納得もしている。

第6章　一流と「超一流」の差

芸能界で出会った傑物たち

阪神を退団した直後、空港で真っ先に声をかけてくれた「恩人」北島三郎さんと　©サンケイスポーツ

貯金残高30万円

サングラスをかけ、取り巻きを引き連れた男が、威風堂々、歩いてくる。テレビドラマの刑事の軍団か、はたまた、そのスジの人か……。

思わぬ出会いがあったのは、引退届を出した翌日だった。

知人に「イベントがある。気晴らしに来いよ」と誘われ、東京に向かうべく、大阪・伊丹空港で飛行機を待っていたときのことだ。

サングラスの男から、突然声をかけられた。

「きのうの新聞、読んだよ。びっくりしたぜ。大丈夫かい？」

サブちゃん。大演歌歌手、北島三郎さんだった。以前からスポンサーや後援者のパーティで、ご一緒させてもらっていた。立ち話だったが、あれこれ気に掛けてくれた。

「これから、どうするの？」

「全く考えていません。もう大阪にもいられないでしょうし……」

「よし、何か困ったことがあったら、いつでも来てくれ」

強気を装っていたが内心弱気になっていた俺にとって、たまらなく嬉しい言葉だった。

阪神を飛び出した俺は、関西マスコミからソッポを向かれ、周囲の視線が突き刺さる。自分を取り巻く空気がガラリと変わったことを、ひしひしと感じていた。そんな中、芸能界の大御所の温かい言葉と「男気」は、どれほど心強かったか。北島さんにはその後も、対談の仕事などで何かとお世話になっている。

仕事のアテは何もなかったが、たったひとつ、解放感だけはたまらなく良かった。もう、肩と肘を冷やさないよう、アンダーシャツを着たまま寝る必要はない。外気で冷えないよう、新幹線や飛行機で通路側に座る必要もない。利き腕を痛めないよう、左側を下にして眠らなくていい。足の冷えも気にすることなく、サンダル、スリッパ、短パンで過ごせる。なにより、練習しなくていい。食いたいときに、食いたいだけ、メシを食える。中学生からずっと野球選手一筋だったから、なおさら解放感を味わうことができた。

８月末から年末まで、仕事らしい仕事もなく、遊びほうけていた。

そして１９８２年１月のある日。きょうも夜の街に繰り出すぞ、と銀行に金をおろしに行ったところ、残高が30万円ほどしかないのに気づいた。数百万円あった貯金が、底をついていたのだ！

「女房子どもを抱えて、これではあと１カ月も生活できない」

おおげさではなく、目の前が真っ暗になった。そのときやっと、現実を知ったのだ。

くれる人が現れるものだ。

魂を売ったつもりでドラマ出演

切羽詰まると、人間、変われるものだ。また、助けてくれる人というか、興味を持って

「2月、3月と、ウチのドラマに出ないか？」

日本テレビのプロデューサーから、電話が入った。日テレなのになぜか大の阪神ファンで、俺に仕事がないことも知っていた。

実はそれまで、声優やタレントなどの仕事のオファーはあった。しかし、プロ野球選手が他の世界の仕事をするなど、プライドが許さない、と断っていた。

「いくらゲテモノでも、ドラマは自信ありません。勘弁してください」

「生活に困っているんだろう？　セリフも短くするから、ちょっとだけ出たら？」

確かに貯金は、底をつきかけている。背に腹はかえられない。

「あの、ちなみにギャラは……？」

「有名俳優のKさんが今回1本40万円だから、だいたい同じくらいで」

週に1本で40万円。1カ月で160万円だ。イヤもクソもない。

「すみません、お願いします！」

こうして俺は森光子さん主演のドラマ「田中丸家御一同様」に出演することになった。

俺はスナックのマスター役。しかし、すぐに後悔することになる。

「おいおい、こんな世界かよ……」

1回目の台本読み合わせで、面食らった。

俺のセリフは「きょうは元気ですね」。これを一本調子の棒読みで発声した。

だが、他の役者さんたちは、その段階から感情移入してくる。秋野暢子さんなどは、本番で涙を流すシーンのところで、きちんと涙を流している。

恥ずかしさと申し訳なさで、肩身が狭かった。

そして本番の撮影。カウンターの椅子に座るシーンの際、アシスタント・ディレクター（AD）から「合図したら、出て行ってください」と、背中をさすられる。合図が出るまでの間、誰もいないセットの裏で、ひたすら待たされる。その心細さと惨めさ。

「俺も一応、阪神ではスターだった。それが今、ゼニのために、なれない仕事に手を出して、こんな恥ずかしい思いをしている……」

だが、プライドは捨てるしかない。魂を売らなければならないときもあるさ。

「ええい、ままよ。生活のため、ゼニのためよ」どのみちプロ野球の世界に帰れるわけはないのだからと、割り切ってカメラの前に立つことにした。

最後に誰かが助けてくれた

こうして収録されたドラマ「田中丸家御一同様」が放映されているときだった。

サンケイスポーツから、プロ野球の評論記事のオファーがあった。

「新聞社だから、そんなに出せないが、原稿1本、2万円で」

再びプロ野球に携わることができるなんて！　これはゼニの問題ではない。

「ぜひ、やらせてください！」声が裏返るほどうれしかった。

ニッポン放送からも、「ショウアップナイター」の解説者の仕事をいただいた。月20万円。定期収入のありがたさを痛感した。

フジテレビでも「プロ野球ニュース」の解説を務めることになった。3社は同じフジサンケイグループだ。ニッポン放送の深澤弘アナウンサーとサンケイスポーツの長谷川吉幸記者が「江本は面白い。使おう」で意見が一致。会社を説得し、話を進めてくれたそうだ。

長谷川さんは、俺が東映入りしたキャンプ初日に、キャッチボールの相手を買って出てくれた記者である。人の縁とはつくづく不思議であり、ありがたいものである。

俺が人生を振り返って、自分でもラッキーだったと思うのは、崖っぷちに立って後がなくなったとき、最後に必ず誰かが助けてくれたことだ。

そして1982年の開幕戦以来、ずっとフジサンケイグループにはお世話になっている。阪神球団の顔色をうかがって、俺をつまはじきにした当時の関西マスコミとは、えらい違いだった。11年ぶりに東京に戻った俺は、幅広く活動の場を与えてもらえるようになった。

初の著書『プロ野球を10倍楽しく見る方法』（KKベストセラーズ）は通算300万部以上の大ベストセラーとなった。

それまでの野球本は、教本ものか、有名選手の根性物語くらいしかなかった。しかし、野球は、きれいごとだけではない。

たとえばピッチャーがマウンドに上がり、内野手陣が集まってくる。一見すると、どうやって抑えるか、どう守るか、真剣な顔で打ち合わせをしているようだ。しかし……。

「お前、きのう、どこへ行った？　何時まで遊んでいた？」

「なに～。朝まであのコと!?」

「今夜も○○でお祭り騒ぎか。俺も連れて行け」

こんなふうに試合後の夜の街の情報交換をしていることも、ままある。

「スタンドの、あそこ。かわいいコがいるだろ」

「どこ？　誰？　あ、あれは○○選手のカノジョだよ」

「あっぶねえ〜。声をかけるところだった」

高校生のように浮ついていることも、ある。

「あのヤロー、生意気やな。なんとかせいや」

「一丁、顔の近くに投げて、脅かしたろか」

「そんなの手ぬるい。思いっきりデッドボールや！」

ときには物騒な打ち合わせだって、ある。

朝から晩まで、まじめに野球の話をしているわけではない。しんどいこともあれば、楽しいこともある。怒りもあれば笑いもある。そこに人間のドラマがある。

そうした野球選手のナマの姿を世間に知ってもらいたい一心で、書き上げた。

この本によって、ファンの野球を観る目を少しは変えることができたと自負している。

吉永小百合と「セリフのない芝居」

「キミ、谷崎潤一郎って知ってる?」

「いいえ」

「では、〝ささめゆき〟は?」

「それも知りません」

「そうか……文豪の映画を撮るんだが……。出ないか?」

オファーの主は、映画界の巨匠、市川崑監督だった。

テレビドラマに続き、映画出演の話まで舞い込んだのだ。

テレビでさえ恥ずかしさでいっぱいだったのに、大スクリーンの映画なんてとても……。

丁重にお断りして帰ろうと思ったが、ふと気になった。

「ところで、出演者はどなたでしょうか?」

「岸惠子、佐久間良子、吉永小百合、古手川祐子の4姉妹に、石坂浩二だ」

「僕の相手役は、いるんですか」

「吉永小百合だよ」

「エッ……それなら出ます!」

吉永小百合さんに会える。それだけで引き受けたのが、1983年公開の『細雪』だ。

ただし、市川監督には、ひとつだけ相談させてもらった。

「じつはセリフが苦手なものでして……」これはテレビドラマで懲りている。

「なので、セリフなしでお願いできませんか」まったくトンでもないお願いをしたものだ。

ところが市川監督は、タバコをくわえたまま、しばし腕組みをして考え込んだ。

「それ、いいねえ。よし、セリフなし！」決まった！

役柄は華族の跡取り息子。吉永小百合さん演じる三女の結婚相手だった。

大詰めのお見合いシーン。京都の料亭で、吉永さんと向き合う。脇には岸さん、佐久間さん、石坂さん。こちらの横には、華族の父親役の人。セリフはないから、しんどくない。お辞儀をして、酒を注ぐシーンのみ。

ところが、NG連発になった。

原因は俺……ではない。父親役の人だ。お辞儀のあと、頭を上げるのが早すぎて、俺と合わない。何度やっても、早く上げてしまう。正座した足がしびれて、しんどい。女優さんたちを怒らせないかと、冷や汗をかいた。

あとで聞くと、この父親役もどこかから連れてきた素人だった。大俳優をズラリ並べて、対面に素人2人……これも市川監督の、遊び心だったのだ。独特の雰囲気を醸し出そうとしたのだろう。巨匠の考えることはすごい、と感心したものだ。

ほかにも、岸惠子さんと伊丹十三さん演じる長女夫婦を大阪駅で見送るシーンがあった。吉永さんの右肩に、そっと左手をかけ、なぐさめる。後方から、複雑な表情で、二女の夫役の石坂浩二さんが見つめる。

石坂さんは阪神ファンで、以前からの知り合いだった。

「今回はセリフもなしで、良かったです」

軽口を叩くと、石坂さんは意外な返答。

「江本クン、役者にとっては、セリフのない演技が、最も難しいんだよ」

グサッときたが、ひとつ勉強になった。

勝新太郎の粋な色紙

ちなみに俺が演じた華族の跡取りは、フランス料理、建築学、航空学など幅広い分野に造詣が深い人物という設定だった。新聞、ラジオ、テレビ。野球にドラマに出版……まさに何にでも手を出していた当時の俺の状況と重なる部分があったから、市川監督が出演を依頼してきたのではないか。今になって、そう思う。

余談だが、俺がサイン色紙をいただいた芸能人は2人しかいない。

一枚は、吉永小百合さん。かわいらしい女の子のイラストを添えてくれた。ひょっとすると、自分をイメージして描いたものかもしれない。

もう一枚は、勝新太郎さんだ。勝さんには現役時代から夜の街で何度かお目にかかった。1990年に、ハワイでパンツの中に大麻とコカインをしのばせて捕まり、執行猶予付きの有罪判決を受けた直後のこと。東京拘置所からの〝出所祝い〟が開かれた。勝さんは末席にいた俺を見つけて声をかけてきた。

「江本！　お前だけは、昔と変わっていないなあ」

逮捕されてから、敬遠したり、距離を置いたり、よそよそしくなる人が多い中、変わらぬ態度でいる、という意味なのだろうか。

いずれにしても、その後も、かわいがってもらった。

「ボウフラが　人を刺すよな蚊になるまでは　泥水飲み飲み　浮き沈み」

粋な都々逸を、よく聞かせてもらった。どんな小さな虫けらも、苦難を越えて成虫になる。人間とて同じ。苦難を経ずして、一人前にはなれない。これは俺の座右の銘にさせてもらっている。

その勝さんの色紙が傑作だ。三味線を書いて、その横に自分のことをこう書いてある。

「はっぱ　六十四」

ハッパ、ロクジュウシ（＝ムシ・虫）……。ハッパって大麻のこと!?

どこまでも粋で、シャレのきいた人だった。

〝言い逃げ〟は絶対しない

本職はあくまで野球解説・評論……その原点を忘れたことはなかった。

ただ、ラジオ、テレビの解説者には、プロ野球のOBの中でも大御所が多い時代。通算113勝程度のピッチャーは、ファンから見ると、どうしても格下に映ってしまう。

名球会入りした同世代のある選手にインタビューしたとき、こんな言葉を浴びせられた。

「お前も大変やなあ。なんでもかんでも、こんな仕事もせんといかんのやから」

元プロ野球選手のプライドはどこへいった、といわんばかり。プライドは、生活のため、捨てざるをえなかった。それを他人に嫌みったらしく言われると、いい気はしない。プロ通算200勝以上、2000安打以上の選手しか入れなかった名球会。実績で人を見下す部分は、どこかにある。リスナーも視聴者も恐らく、同じだろう。

実績で劣る俺が、解説で勝つには、どうすればいいか。常に模索していた。

野村克也さんに教え込まれた、考える野球。〝伊藤の虎〟に叩き込まれた、男気の野球。それをベースに、エモトなりの調味料を加えた。

どうせ山あり谷ありの野球人生。もう怖いものはない。言いたいことは堂々と主張しよう。世間でいわれるところの、「毒舌解説」「辛口評論」だ。

ただし、標的にした選手、首脳陣に対しては必ず翌日、少なくとも近日中に、顔を合わせるようにもした。〝言い逃げ〟は、しない。反論があれば、耳を傾けた。こちらもまた、持論を展開した。面と向かって言えないことは、電波に乗せない。紙面に載せない。

それを信条に、解説者・評論家生活をスタートさせていた。

ボイストレーニングで差をつける

転機は突然やってくる。

1983年。ロングランのミュージカル『ラ・マンチャの男』を観に行ったときだ。主演の松本幸四郎さん（現・二代目松本白鸚）が、「見果てぬ夢」という曲を四度も歌った。ラストでは、オペラ歌手のように、サビの部分の高音を劇場中に響き渡らせる。

「すばらしい！」俺はすっかり感激し、関係者に尋ねた。

「歌舞伎役者さんがあれほど歌えるとは、正直言って驚きました」

「ボイストレーニングで鍛えているから、ずっと声が嗄れずに歌えるんだよ」

（コレだ！）瞬時にひらめいた。

ラジオ、テレビで、マイクの前に座る身だ。「声」こそ、商売道具ではないか。

「あの、ひょっとして、私みたいな素人にも教えてくれる方、いらっしゃいますかねえ」

「いますよ。手紙を書いてあげよう。紹介してあげよう」

こうして向かったのが、東京・世田谷のスタジオだ。先生が玄関に出てくる。

「江本というのはアンタだったのか。私は巨人ファンだから、アンタが大嫌いだったぞ」

お株を奪われるような毒舌で、迎えられた。

「解説で、人に負けたくないんです」動機を正直に話すと、興味を持ってくれた。

「そうか。では、毎週、通いなさい」

週に一度、5000円のレッスン料で、ボイストレーニング教室に入門した。

この先生が、東京藝術大学の教授、平野忠彦さん。日本を代表する声楽家だ。

教室には、東京藝大や国立音大の声楽科志望の高校生ばかり。彼らにまじって、順番に1人ずつ、レッスンを受ける。

「♪アアア、アア〜」「オオオ、オオ〜」「ウウウ、ウウ〜」

最初は30分間、ひたすら音階練習を繰り返す。

やがてステップが進み、「コンコーネ50番」というクラシックの練習曲に入る。全部で50曲。これを1曲ずつ覚えていって、修了するのに2年かかった。

そう。2年間もレッスンを受けていたのだ。ほとんどの人に、内緒で。

「サンタルチア」「帰れソレントへ」など、体にしみ込んでいるから、今でも歌える。

ボイストレーニングの効果は、教室に通い始めて2カ月の段階ですでに表れていた。

ニッポン放送で解説した帰りの車中で、深澤弘アナウンサーに指摘された。

「エモやん、最近、声が変わってきたね。よく通る声だね」さすがしゃべりのプロだ。

おかげで、超満員のスタンドでも、声がかき消されることはなかった。4時間ゲーム、5時間ゲームになっても、声が嗄れない。この点では誰にも負けない、と自負している。

のちの選挙でも、大いに役立った。連日連夜の街頭演説をこなしても、声が嗄れることも途切れることも、一度もなかった。

オペラ、ミュージカルにも出演

ボイストレーニングによって得たものは、それだけではない。

「レッスンの成果を、どこかで一度あげておこうか」平野先生が発表会を提案。

「それならウチで歌ってよ」引き取ったのが、テレビ朝日のプロデューサーだった。

「題名のない音楽会」黛敏郎さん司会の人気番組だ。

こうして俺は1985年6月、東京・渋谷公会堂のステージに立つことになった。

それも、ソロでオペラに挑戦だ。ワーグナーの「タンホイザー」。全編、ドイツ語だ。

歌詞を覚えるのも大変だが、舞台の上ではもっと大変だった。リハーサルの段階で、後悔した。ステージに設えられた階段の上から、東京交響楽団の演奏に合わせて、一段一段、降りながら歌う。楽団員は約60人。さぞ大音響かと思いきや……。

「ちょ、ちょっと待ってください。音が全然、聴こえませ～ん。歌い出しが、わかりませ～ん」俺は焦りに焦った。

楽団は客席の方を向いて、客席に音が届くように弾いている。そのため楽団の後ろにいる俺には聞こえにくい。何度もリハーサルを重ねて、かすかに音をとらえることができるようになった。

「私が先に歌ってから、合図を出す。そこで歌い出しなさい」

最後に平野先生が〝サン、ハイ〟をしてくれて、なんとか本番を乗り切った。冷や汗をかいて、何キロか体重が減ったほどだった。

もうこりごりと思っていたら、また別の話が舞い込んできた。

「今度は、キミ、ミュージカルの主役、やりなさい」

レッスンの教室に来ていたミュージカルの演出家が、俺の歌を聴いてオファーを出してきたのだ。『くたばれヤンキース』という、ブロードウエイのミュージカルだった。中年男が悪魔と契約し、ひいきチームの宿敵、ヤンキースを打倒するため、若返って強打者に変身する物語。俺は何度も断ったが、先生に引っ張られ、出演することになった。

それも主役で。脇を固めるのが、河内桃子さん、多々良純さん、草野大悟さんら、俳優座や文学座の名優たち。公演は1985年のオフシーズン、池袋サンシャイン劇場で行われた。セリフ、歌、踊りのすべてを覚えるのは相当しんどかったが、なんとか切り抜けた。

下積みダンサーの姿に2軍時代の俺を見た

潮時を知ることになるのは、公演が始まって、すぐだった。

ある日、下積みダンサーたちの姿を、目にした。公演は夜だというのに、昼すぎから劇場に入り、トレパンをはいて声を張り上げながら、客席を走り回っている。ランニングとボイストレーニングだ。腹筋・背筋運動にも精を出していた。本番では、俺の後ろで踊るだけ。セリフはほとんどない。いわゆる、その他大勢。ギャラも安い。20日間の公演で5万円ほどだ。プロ野球でいえば、彼らは2軍。スターになろうと、目の色を変えている。

そんな彼らの姿を見て、東映時代、多摩川グラウンドで汗だくになっていた2軍生活が、脳裏によみがえった。

「俺みたいな〝ゲテモノ〟が、しゃしゃり出ては、いけない。彼らの邪魔になっては申し訳ない。そろそろこんな仕事はやめよう」

ところが『くたばれヤンキース』を観にきた新宿シアターアプルの支配人から「ウチでもやってくれないか」と頼まれ、行きがかり上、もう一回だけミュージカルに出演した。『お熱いのがお好き』――ピンク・レディーのミーちゃんが、映画ではマリリン・モンローが演じた、女性楽団の花形歌手の役。俺と斎藤晴彦さんが、マフィアに追われ、女装して楽団に潜り込むミュージシャンの役。

つまり、女装で芝居をしたのだ。大の男がデカい靴をはいて……。

「もう、無理。限界だ」この世界では、やっぱり無理だった。

ミヤコ蝶々の芝居に見た「一流」と「超一流」の差

芸能界ではもうひとつ、強烈な思い出がある。

1987年、NHKの銀河テレビ小説「おとんぼ」に出演したときのことだ。

おとんぼとは関西の方言で、「末っ子」の意味。主演は、母親役のミヤコ蝶々さんと、4人兄弟の末っ子役、村上弘明だ。

俺は次男。妻に逃げられ、自閉症の子どもを持つ男という難しい役だった。しかも、台本4ページ分、ほとんど独り語りというシーンまであった。子どもを抱いて布団にくるまり、家庭のこと、生活のことなどを、延々としゃべる。添い寝する母親が、たまに合いの手を入れる……そういうシーンだった。

つまり、ミヤコ蝶々さんと、1対1の芝居である。プレッシャーを感じながら、必死にセリフを覚えた。本読み、ランスルー、カメラリハーサルと、何度も何度も、同じことをやった。その間に、自信もわいてきた。

完ぺきに覚えた。もう大丈夫だ。ブザーが鳴る。さあ本番だ。ところが……。

(エッ!?)蝶々さんの最初のセリフを聞いて、頭の中が真っ白になった。

(あれ？　蝶々さんのセリフが台本と違うぞ)

「いや～、あの、だから……」

狼狽しながら自分のセリフを思い出し、ごまかして先へ進んだ。しかし……。

(エーッ、また!?)次の蝶々さんのセリフも台本とは違う。

「う～ん、ええと、まあ……」取り繕って続ける。この繰り返しの末、なんとか終了。

「すみませんでした。すみませんでした」

こりゃNGだ。絶対に撮り直しだ。覚悟して、スタッフ全員に頭を下げた。

蝶々さんはセリフを間違っているし、こっちも釣られて台本にないセリフをはさんでしまった。相手は大御所。

(ここはまず俺が謝ろう)と覚悟を決めたところ……。

「いやあ、素晴らしいシーンでした！」手をたたきながらディレクターが降りてくる。

「なぜ？　あれでいいんですか？」

「まあ、見てみましょう」その場でプレビューをチェックすると、スタッフ全員が拍手。

「一芸に秀でた人は、やっぱり違う。さすが、プロ野球で活躍された人！」

ディレクターがまた賛辞。こちらはまだキョトン。

あとでわかったことだが、ミヤコ蝶々さんは、わざとセリフをガラリと変えてきたのだ。俺の演技が、あまりにも台本通りだったからだ。セリフを丸暗記して、一本調子で、ただしゃべっているだけ。表情も感情も、何もない。

「あれでは芝居にならしまへんがな」と思って、この手を使ったのだ！

リハーサルまでと違うセリフにすれば、俺の表情も違ってくる。驚いたり、けげんな顔をしたり、言葉に詰まったり、あわてて言い直したり……。

それこそが、人と人との生の会話。その雰囲気を醸し出せてこそ、芝居は成立する。

見事、蝶々さんの狙い通りになったわけだ。

「さすが超一流は違う」そう改めて実感したものだ。

「一流」の俳優は、自分がいい芝居をしたらそれで終わり。他人より上手いだけでいい。

「超一流」の俳優は、まずは他人にいい芝居をさせるようにふるまう。それによって、自分自身の芝居も光ってくる。そして作品全体にも輝きをもたらす。つまり、他人に良い影響を与え、他人を引き上げてやるだけの力を持ち、他人を救うことによってみずからの価値も高めてゆくのだ。

これはプロ野球の世界でも同じだった。ヒットを3本打てば、大喜びする。打率3割をマークすれば、給料が上がる。家が建つ。チームが勝とうが負けようが、自分の生活が安定していれば、お構いなし。これでは一流止まり。

人を助けて、人を浮び上がらせて、なおかつ自分も伸びていく。みんなを生かす人こそ超一流だ。

東映時代、最初のフリーバッティング登板で、ノーコンの俺のボールをすべて打ち返してくれた張本勲さん。南海時代、そのノーコンを逆手に取り、俺の感情も操り、巧みにリードしてくれた野村克也監督。

人生の節目で、超一流のスーパースターと出会えたことは、幸運だった。

現役引退後も、芸能界の超一流の方々と仕事をさせてもらった。本当に感謝している。

そしてこの後も、超一流の方々と、かかわりを持たせていただくことになる。

第7章　100のコウヤクよりひとつのマッサージ

政界疾風録

参議院本会議にて壇上に立つ。参議院では内閣委員会の初代委員長も務めた

アントニオ猪木からの出馬依頼

大きな人から、大きな話が持ち込まれたのは、1992年の夏のことだ。

「私と一緒に、世の中を変えよう」

アントニオ猪木さん。以前から知り合いだったプロレスラーだ。

「ひょっとして選挙ですか？」

「スポーツを活かして政治を変えていくことは大事なことだ」

要はスポーツ平和党からの参議院選挙への出馬を打診されたのだ。

俺の人生は「11年周期」で回ってきた。中学で野球部に入り、高知商、法大、熊谷組と、アマチュアで11年間。プロでも東映、南海、阪神で通算11年間。解説者になり、芸能界の仕事もかじった。この世界でも、11年目を迎えていた。

（そろそろ踏ん切りをつけないと。何か新しいことを始めないと）

そう考えている時期だったことは、確かだ。もともと政治には興味もある。

「でもさすがに出馬は勘弁してください」

「われわれスポーツ選手には、行動力がある。だから政界には、われわれが必要なんだ」

猪木さんは熱く語りかけてくる。お断りの一点張りでは申し訳ない。

「党の政策やキャッチフレーズは、何ですか？」お愛想に、聞いてみた。

「いいんだよ、政策とか公約なんて、あんなものは」

（エーッ!?　なんていい加減なんだ……）

「選挙では、ワンフレーズ、パーッと言っておけばいいんだよ」

（ワンフレーズ？）

「1、2、3、ダアーッ！　それでいい」

（………）

「100のコウヤクより、ひとつのマッサージ。コレでいけ！」

（公約と膏薬《こうやく》にかけてマッサージか。これはうまい）

「スポーツを通して社会に平和を。コレでいけ！」

思わず「ハイ」と言いそうになるところを、グッとこらえた。「考えさせてください」

結論を先送りするように見せかけて、席を立った。その後も4、5回、断り続けた。

ついに公示の前日。

〝時間切れ〟に持ち込んで断念してもらうつもりで、猪木さんに会いに行った。

「江本クン、スポーツマンが長いこと考えて、いい答えが出るのか？」

野球選手がアホみたいに言われ、カチンときた。俺の魂は揺さぶられた。

「わかりました、やります！」

野村克也さんといい、猪木さんといい、どうして人の心をつかむのがうまいのか。

「スタッフはこっちで全部そろえる。あとは自分でやってくれ」

ほとんど手弁当の選挙がスタートした。

お辞儀は低く、握手は両手で

参院選公示。初日から、洗礼を受ける。

東京・大田区の自宅からワゴン車で出かけようと駐車場に入って、腰が抜けそうになった。タイヤが4個、抜かれていたのだ。タイヤの代わりに、分厚い電話帳が積まれていた。車体はその上に、心憎いほどバランスよく、置かれていた。誰が、どうやって、そんな嫌がらせをしたのか。単独犯では、とてもできないだろう。

渋谷の道玄坂にある党の事務所にたどりつくと、今度は選挙カーができていない。比例区での出馬で、お金は十分にはない。さあ、背水の陣だ。

第一声は、午前8時、渋谷の「ハチ公前」交差点。ここは各党が目指す場所だ。しかし選挙カーはない。さて、どうする？

「歩いて行くぞ！」猪木さんが号令を発した。

さながらリングへと向かう花道。ファンをかきわけ、練り歩く。さすがプロレスラー、手慣れたものだ。

「無理です。街宣車が集結していて、とても割り込めません」

すぐに伝令が来る。他の少数政党が、ハチ公前で演説をしているという。

「うーん、でも行ってみましょう」猪木さんは動じない。さすが「燃える闘魂」だ。

俺は猪木さんの広い背中に隠れて行こうとしたが、結局、俺が先頭に立ってしまった。

そのとき、マイクの大音声が聞こえた。

「おお、お前らはいい。あけてやる」

既存の大政党は敵だが少数政党は味方だとみなしてくれたようだ。

「ありがとうございます」

「おう、好きなだけやれ。他のヤツが来たら、蹴散らすから」ありがたかった！

選挙カーの代わりに、カメラマンの脚立の上に立った。横で猪木さんが、ガードレールの上に立ち、演説の口火を切った。

「100の公約より、ひとつのマッサージ！」本当に言った。

聴衆に大ウケだ。つかみはOK。猪木さんの人をひきつける能力はすごい。

「スポーツを通じて世界に平和を！」俺もなんとか流れに乗れた。

猪木さんに言われた通り、余計なことは口にせず、初めての街頭演説を乗り切った。

しかし演説とは疲れるものだ。これがあと2週間以上も続くのか……。少し後悔していると、

「江本クン、疲れただろう」猪木さんは選挙中、移動の車中で首筋をマッサージしてくれた。本当に、100の膏薬より効いた。さらに効いたのが、このアドバイスだ。

「ひとつ気になったことがある。言ってもいいかな？」

「ご遠慮なく。お願いします」

「お辞儀をするとき、キミの頭は、人の上にある。それでは、お辞儀をしたことにならない。清き一票を、と頼んだことには、ならないよ」

ハッと思い至った。プロ野球時代、ファンに握手を求められ、左手をポケットに突っ込んで右手だけ差し出して、「はい、どうも、どうも」で済ませていたこともあった。

「お辞儀は低く。握手は両手で。これを忘れたらダメだ」

実るほど頭を垂れる稲穂かな。猪木さんの言葉は以来、肝に銘じている。

長嶋さんと原辰徳からの応援

選挙戦たけなわの真夏の暑い日。とりわけ熱い応援をいただいた。

なんと、長嶋茂雄さんが陣中見舞いに来てくれたのだ。

「いやあ、たまたま散歩をしていたら、エモやんの事務所があったもので、ハイ」

「たまたま」というのは、明らかにウソだった。事務所は港区虎ノ門。長嶋さんの自宅は大田区の田園調布。散歩の途中であるわけがない。

実はその前に、ニッポン放送の深澤弘アナから一報が入っていた。

「ミスターが、エモやんの事務所を訪ねたいと言っている」

「そんな……お気持ちだけで十分です」丁重に、お断りしていた。

あの長嶋さんにわざわざお越しいただくなんて、畏れ多い。それに、巨人という球団には「政治との関わりは避ける」という不文律がある。政治的に利用されるのを避けるためだ。ましてや絶大な支持を受けていた「ミスター・プロ野球」なら、なおのこと。

長嶋さんはそのため、あくまで「偶然」を装って、駆けつけてくれたわけだ。事務所から、やや離れた場所で車を降り、何食わぬ顔で歩き始める。情報を得た各社のカメラマンが近寄り、通行人が集まってきても、まだ気付かないふりをして、そこから100メートルも歩いてくる。事務所の直前で、やおら向き直り、「あっ！」と看板を見上げる。

「ここは、エモやんの事務所ではないですか〜」なんという演技力だろう。

記者もカメラマンも、最高のネタができたと大喜び。事務所はフラッシュの嵐、スポットライトの雨。おかげで大きな話題になり、全国区の宣伝にもなった。

あとで聞くと、長嶋さんは、俺が気にしていると耳にして、逆に乗り気になったという。

「今こそ江本を応援しないと！　ええ、行きますよ！」

巨人も阪神も関係ない。球界の後輩のため、ひと肌、脱ぐ。その「男気」には、涙が出そうになった。

同じ「男気」を見せてくれたのが、巨人の4番バッター、原辰徳だ。何度目かのハチ公前での演説中だった。車を横付けして、原が降りてくる。ガードレールの上に立つと、両手をメガホンがわりにして、こう叫んだ。

「江本さ〜ん！　頑張ってくださ〜い！」

聴衆は「おお！　原が来た！」と大いに盛り上がる。なによりの〝応援演説〟になった。

後日、球団からおとがめがなかったのか気になって、原に確認した。案の定、事情は聴かれたという。そのときの原の返答がまた傑作だった。

「たまたま渋谷を通りかかったら、江本さんが演説していたんです。球界の先輩がガードレールにつかまって頑張っている姿を目にして、素通りできるわけ、ないじゃないですか」

長嶋さんと同様、「たまたま」を強調してくれていたのだ。

猪木さん、長嶋さん、原……ここでも俺は「超一流」の方々と有権者の方々のおかげで、なんとか当選することができた。

田中角栄の応援演説

じつは選挙の応援演説は、阪神での現役時代を含め、何度か経験があった。

田中角栄さんの応援に駆り出されたこともある。ロッキード事件後、体調を崩されてからのことだ。元警視総監、法務大臣の秦野章さんからの依頼だった。

秦野さんに連れられ、大阪から、角栄さんのお膝元、新潟・西山町（現・柏崎市）へ向かった。会場は2000人以上も詰めかけてごった返している。

「ヤアヤア！　よく来てくれたなあ！」と角栄さんに出迎えられ、眞紀子さんにも歓待された。

「30分くらい、しゃべってくれ。田舎のじいさん、ばあさんたちだ。何をしゃべっても、きっと喜んでくれる。野球の話、してきなさい」

角栄さんの選挙ポスターを指さし、軽口から入った。

「みなさん、すんまへん。このポスターのおじさん、あまりよく知りません。こんな私が、しゃべってもいいですか？」

これがウケた。あとは本書で書いてきたような、野球界の裏話、こぼれ話を披露して、シャンシャン。結構、喜ばれたものだ。

まさか俺自身が、立候補することになるとは、そのとき思いもしなかった。

人生、どこでどう、つながっていくか、本当にわからない。

眞紀子さんは、俺が参院議員になった翌年、1993年の衆議院選で初当選した。

当然、当時のことを覚えてくれていて、何かとお世話になった。

「スポーツ振興くじ」導入に尽力

さて、そうやって当選した参議院議員として2期12年。最大の仕事は、「スポーツ振興くじ」(toto)の創設に奔走したことだと自負している。

2001年に導入されて以来、順調に売り上げは増え、13年からは1000億円を超えている。助成金も増え続け、今では毎年200億円を超える予算がスポーツ団体や地方公共団体に交付され、スポーツ振興に活用されている。

しかし、そもそものきっかけは「プロ野球OBクラブ」構想から始まったものだった。プロ野球を辞めても、メシが食えるのは、ほんのひと握り。第二の人生でつまずいた元選手が数多くいた。また、プロ球界とアマチュア球界の関係も良くなく、アマ球界の受け皿もない時代だった。この現状をどうにかしたい……。

同じ高知県出身の参院議員、平野貞夫さんに話を持ちかけると、「それなら小沢一郎さんとも相談しよう」ということになった。当時、小沢一郎さんは自民党を割って新生党を立ち上げた頃で、破竹の勢いだった。

小沢さんに相談したところ、たちどころにこう指南された。

「まずはプロ野球のOB会を作りなさい。アンタはそうした地道なところから始めたほうがいい。そこから徐々に組織づくりを進め、社団法人格を取るなどしたほうがいい」

そこで1994年に「日本プロ野球OBクラブ」を立ち上げた。さらに小沢さんと平野さんのアイデアで、国会内に「野球振興議員連盟」を結成した。すでにあった「スポーツ議連」の中に「野球議連」を設けたかたちだ。江本事務所が野球議連の事務局になり、私が事務局長。衆参両院で約170人が参加してくれた。

活動の一環として、野球振興議連とプロ野球OBクラブによる「交流戦」を、東京ドームで行ったこともある。OBクラブからは〝打撃の神様〟川上哲治さん、〝じゃじゃ馬〟青田昇さんが、議連からは森喜朗さんなど錚々たるメンバーに参戦いただき、かなり大きなイベントになったものだ。

こうして活動を盛り上げたことで、98年に「社団法人全国野球振興会」が正式に発足。社会貢献活動だけでなく、少年少女野球教室や啓蒙活動にも取り組んでいる。また、プロ野球経験者なら誰でも参加することができ、OBの有効活用にもつながっている。

「この成功を、野球だけでなく日本のスポーツ全体に広げられないだろうか？」

かねてから俺は日本のスポーツ関連予算が非常に少ないことに疑問をもっていた。ヨーロッパやアメリカではスポーツを中心とした地域社会のコミュニティがあり、それが選手育成の土壌にもなっている。もちろん、健康寿命の伸長にも一役買っている。日本でもそうした活動を広めたい。しかし、予算がない。

どうやってスポーツ振興予算を獲得すべきか？　サッカーの釜本邦茂さん、元プロレスラーの馳浩さんなどスポーツ界出身の議員たちと議論し、Jリーグの川淵三郎チェアマンからもご支援いただき、「サッカーくじの導入で助成金を確保する」との案で一致した。

サッカーくじはヨーロッパや南米で長い伝統があり、慈善事業や社会貢献で大きな成功をおさめている。しかもゲームの性質上、八百長などの不正がきわめて難しい。これを日本でも根づかせればと考えたのだ。

しかし、反発は予想以上だった。共産党、日本弁護士連合会、PTA全国協議会からは「射幸心をあおる」などと猛反対があった。事務所のファクスには朝から、反対意見や嫌がらせのメッセージがとめどなく舞い込み、何度もパンクした。

また、スポーツ全般の振興のためという理念を、なかなか理解してもらえなかった。野球界からも「お前はサッカー派になったのか？」と、白い目を向けられ、悲しい思いをしたものだ。

参院の文教・科学委員会で向き合ったのは、扇千景委員。扇さんはスポーツと縁がない。

あちらは与党。こちらは野党。まるで相手にしてもらえなかった。委員会で審議しても、国会が終われば持ち越し。他の議員からも何度も横やりが入ったものだ。法案提出から採決まで実に5年半、かかっている。

ようやく迎えた採決の日。党議拘束なしの自由投票だったので、世間の批判を恐れて棄権した議員もいたが、辛うじて賛成が多く、法案が通った。

こうして98年、「スポーツ振興投票の実施等に関する法律」が公布、施行された。

先にも述べたように、いまや「ｔｏｔｏ」は１０００億円以上を売り上げている。収益を原資の一部として、ナショナルトレーニングセンターが設立され、２０２０年の東京五輪誘致にもつながった。目に見える大きな成果以外にも、スポーツ環境全般の整備に役立っている。税金の負担を、少しでも減らすことができた。

「おらが町に橋を架けた」「おらが村に公民館を建てた」などと吹聴する議員は多い。しかし、俺は利益誘導ではなく、国家全体に資する仕事ができたと思っている。

関西にも首都機能を

参院では、災害対策特別委員会の理事としても活動した。

当時は冷戦終結直後。日本はまさに平和ボケと言うしかない状況で、自然災害や有事への危機意識が極端に薄い時代だった。東日本大震災を経験し、北朝鮮の核ミサイル開発が周知された今でこそ、防災意識はようやく根づきつつあるが、当時の日本政府の備えはきわめて脆弱だった。

だが、アメリカは日本とはまったく異なる。核戦争を想定し、数十年かけて防災体制を確立してきたのだ。アメリカには「フェデラル・エマージェンシー・マネジメント・エージェンシー」（FEMA）という大統領直轄の防災連絡体制がある。自治体の末端から、州、大統領へと、FEMAの職員が地域災害の報告を上げていくシステムが整っている。また、救助、医療、ボランティアなども、行政のカベを越えて一枚岩で取り組んでいけるようになっている。

一方の日本はどうか。窓口は当時の国土庁防災課しかなかった。それも〝9時5時〟のお役所仕事しかしていない。のちに阪神・淡路大震災が発生した時でさえそうだった。あれほどの大震災が、防災課だけで手に負えるわけがなかった。

そこで俺はアメリカに渡り、FEMAを視察。国会で報告し、「同じような組織を日本でもつくらなければならない」と、しつこく指摘した。そうした地道な努力の甲斐あって、最近ようやく自衛隊、警察、消防のラインがひとつにつながってきた。

しかし、俺が国会で議論していた当時から、すでに4半世紀近くの時間が経過している。もっと早く防災体制が確立していれば、この間どれだけ多くの命を救えたかと思うと、やるせない気持ちになる。

また、国会移転特別委員会でも理事を務めた。

首都機能の移転は、防災という側面だけでなく、有事の際の防衛という意味でも重大な問題だ。これも欧米の危機管理意識とは雲泥の差がある。たとえばアメリカではワシントンとニューヨーク、ブラジルではブラジリアとリオデジャネイロと、首都機能は行政と経済で地域を分けている。

ところが日本では、政治、行政、経済のすべてが東京に一極集中している。将来百%確実にやってくる首都直下型地震が来たら、一発でアウトだ。北朝鮮からのミサイル攻撃やサイバー攻撃、テロにも弱い。北朝鮮も、そうした日本の弱点を見越して脅しをかけてきているのだ。

俺は移転候補地の栃木・福島地域や岐阜・愛知地域などに何度も視察に行き、1999年12月には移転候補地を発表するまでに漕ぎ着けた。

だがその後、石原慎太郎都知事が「首都機能移転反対」を公約に当選したことをきっかけに、首都機能移転論が沈静化してしまった。

今からでも遅くない。当時あがった候補地への機能移転は難しいとしても、少なくとも関西地域への機能分担はすべきである。そうすることによって、リスクヘッジにもなるし、地方経済の活性化にもつながるはずだ。

北朝鮮からのメッセンジャー

北朝鮮の話が出たところで、外交秘話もひとつ披露しておきたい。

「この人、北朝鮮にとても太いパイプを持っているの。ぜひ、話を聞いてやっていただけないかしら?」

1990年代後半のある日、東京・銀座で「クラブ順子」を経営する田村順子さんから文明子さんという老齢の女性を紹介された。

文さんはもともと韓国出身のジャーナリストで、軍事独裁政権時代にアメリカに亡命し、ホワイトハウスの会見場では名物記者として有名だった。北朝鮮の金日成主席や金正日総書記と親交を結び、米朝間の密使として頻繁に訪朝していた。

日朝間の交渉を再開させるため、文さんは橋渡し役をしていたのだ。

しかし、デリケートな外交の現場に素人の俺が手を出すことはできない。

「私には、外交は無理です。自民党のしかるべき人でないとできませんから」

そこで俺は森喜朗さんに相談し、面会をセッティング。赤坂プリンスホテルに部屋をとり、ふたりを引き合わせることにした。

その後、どのような話し合いが行われたのかは、俺は一切知らない。

しかし、のちに総理に就任した森さんが文さんに金総書記への親書を託し、結果的にそれが小泉純一郎首相の訪朝へとつながった。日朝交渉には謎が多いが、小泉訪朝の裏には、そんな経緯があったのだ。

その小泉さんとは、選挙の応援演説を一緒にやったことがある。

地方の町や村など10カ所ほどを、車2台に分乗して巡る。

小泉さんは「ワシが先に行くから」と車を降り、どんどん有権者のなかに入り込んで、

「みんな、どうもどうも！　頼むよ～！」と語りかけている。

（ここは小泉さんに任せておけばいいな）と油断していたらとんでもない。

「うしろに元プロ野球選手のエモやんがいま～す！」

ぜんぶ俺に振って、自分は有権者と握手、握手。行く先々で、その繰り返し。実に要領がいい。結局、自民党の候補者の応援演説なのに、自民党ではない俺がしゃべりっぱなし。これには参った。

政治家はけっしてラクな仕事じゃない

国会議員をやってみて初めてわかったのは、「政治家はよほど身を切る覚悟がなければ、務まらない職業だ」ということだ。

アメリカの下院議員は秘書を18人までタダで雇えるが、日本では3人まで。それも給料以外の交通費、宿泊費、食事代などは議員の自己負担だ。国会での審議のほか、陳情対応、役所や業界団体との折衝、それに選挙と、休む暇はまったくない。

サラリーマンは、入社試験に1回パスすれば安定的に雇用され、定年を迎えて、退職金をもらう。退職後は厚生年金をもらえる。

議員は選挙に出るたびに大金を使う。しかも落選したら、ただの人だ。新幹線のフリーパスなどは特権だとして批判されているが、個人のフトコロに入れられるような特権は何もない。俺は11年半もの間、毎月10万3０００円ずつ議員年金をかけてきたが、年金制度が廃止になったので、支給要件を満たしているのに、もらえていない。おそらく掛け損になったのだろう。

「議員が多すぎる」という議論がよくあるが、これは乱暴だ。議員が少なければ少ないほど、権力は特定の少人数に集中する。各分野からさまざまな人材が国会に集い、国会議員に多様性がなければ、またたくまに政治は堕落する。

「政治家がダメ」「無能な政治家が多い」と批判するのはラクだが、実際にやるのは決してラクじゃない。政治家には確固たる信念とボランティア精神が必要だ。

そうした実情を無視した安易な政治家批判が多すぎる。

大阪府知事選へ出馬

参院議員を2期11年半務めて迎えた2003年11月。大阪府知事選挙を控えた府議会の若手議員たちから、こんな危機感を切々と訴えられた。

「大阪市長選の投票率は33%しかありませんでした。このままでは府知事選で投票率30%割れもあります」

2月に控えた府知事選では、2期目を目指す太田房江知事に自民、公明、民主党が、再び相乗りする図式になっていた。国政選挙では熾烈な戦いをしている自公民が、地方ではお手々つないでというのは、まったく道理に合わない。

「『税金の無駄遣い』『大阪は常識はずれ』と、ますます全国からバカにされます」

結果がわかっている選挙で投票に行こうという有権者はいない。投票率の低下は、民主政治の危機でもある。

そこで、大阪の地盤沈下を危惧した若手の府議会議員らが、俺に白羽の矢を立てたのだ。

「選挙を盛り上げるため、ぜひ府知事選に出馬していただけないでしょうか?」

もとより俺は参院3期目に出馬する気はなかった。かといって、このまま政界からフェードアウトするのも寂しく、「何かご恩返しをして引退したい」と考えていた矢先だった。

しかも、南海と阪神時代に10年間、お世話になった大阪だ。ひと肌脱ぐには、もってこいの場ではないか。

「よし、大阪府知事選に出馬しよう」俺は決断した。

太田知事には400もの団体がついている。こちらには、自公民の相乗りに反発する日本土地家屋調査士会連合会、ただひとつ。戦車に竹槍一本で立ち向かうようなものだ。負け戦であることは、百も承知だった。

街頭演説でもヤジりまくられ、嫌がらせを受ける。

「こらぁ！　くそがき！　アホー！　あっちへ行けー！　ボケー！」

何度、聴衆からヤジり倒され、こちらも怒鳴り返したことか。周囲のすべてが敵に見える毎日だった。

意外なことに、メディアは好意的だった。府庁詰めの記者たちは、ほとんど俺についてくれた。主義主張が異なり、スクープ合戦に明け暮れている新聞各社が、足並みを揃えてくれたのだ。おそらく現場を知る彼らも「このままでは大阪は本当にダメになる」と、同じ危機感を抱いていたのだろう。俺はすべての記者に、私用の携帯電話の番号を教えた。

「何かあったら直接電話をかけてきて。質問は全部聞くし、必ず答えるから」

これで親近感を覚えてくれたのだろう。選挙中、悪口はひとつも書かれなかった。思わぬ人が味方をしてくれる。思わぬ人が掌を返す。選挙は人を見る上で、いい勉強になった。

大阪への恩返し、母校への恩返し

投開票の結果、現職の太田知事は3党合計155万票で圧勝、俺は2位で67万票に終わった。予想通りの惨敗だ。

しかし、67万もの方々が、大阪を変えようという俺の意気に一票を投じてくれた。これは何よりもありがたいことだった。太田知事に入った自民党の票は35万。もし相乗り選挙でなければ、公明党の票以外、すべて俺の方が上回っていたことになる。

また、当時、若手府議グループの筆頭格だった松井一郎は、その後、橋下徹らと「大阪維新の会」を立ち上げ、今では大阪府知事を務めている。彼らの活動の原点は、俺の府知事選出馬だったのだ。そう考えれば、この選挙はまさに一石を投じるものだった。

恩返しといえば、もうひとつ。

2010年から4年間、母校の法政大学スポーツ健康学部で「スポーツと政治」「スポーツ政策論」の講義を受け持った。学生たちの意識は、「国会議員って、何をやってるの？」という程度。

俺はそこで「何よりも選挙に行くことの重要性」を説いた。大学で学ぶということは、本来ならば授業料を1億円くらい払わされても、おかしくない。それが年間百万円程度の授業料で済んでいるのは、税金を優遇されているからだ。ではなぜ、学校は税金を優遇する必要があるのか？　誰がそれを決めるのか？……学生にそう問いかけ、考えさせる。

「税金と政治に関わらないで生きている人は、子どもであろうと大人であろうと、ひとりもいない。選挙で投票に行くのは当たり前だろう。わからなければ、勉強しなさい」

その結果、講義の後の選挙では、多くの学生が投票に行った。

野球部員としてはつらいことばかりだった大学生活だが、このようなかたちで恩返しできたことは、願ってもない幸せだった。

第８章　最後の毒舌

２０１８年に逝去した星野仙一・楽天イーグルス元監督（左）。星野さんは亡くなる直前まで、俺の体調を気遣ってくれていた

戦力外選手のお涙頂戴シリーズはバカ番組

プロ野球が軽薄になって久しい。

ひとつアウトを取ったくらいで、マウンドでガッツポーズをするピッチャー。1本ヒットを打っただけではしゃぐバッター。ホームランが出ると、ベンチ前で絶叫し、ファンに唱和させるヤツまでいる。ゲームセットになってもいないのに、2点、3点が入っただけで、大はしゃぎするベンチ。たった1勝で、優勝したかのように抱き合うチームまである。ケガで休んでチームに迷惑をかけていたくせに、ちょっと活躍しただけで、ヒーローインタビューで泣く選手。それを「涙の復活」などと、もてはやすマスコミ……。

そういうのを目にすると、辛口解説に拍車がかかる。俺がセンバツの開会式で味わった屈辱や、プロ生活で体験した厳しさとついつい比べてしまい、安っぽいなあ、と。

なかでも最も醜悪なのが、戦力外通告された選手たちとその家族を取り上げるドキュメンタリー番組だ。クビを宣告された選手たちが集まる「球団合同トライアウト」の模様を取り上げるお涙ちょうだいモノで、毎年シーズンオフになると放映される。

トライアウト参加者に、俺は率直に問いたい。

「君たちは本当に一生懸命、練習してきたか？」

どこかがちょっと痛いからと、すぐ休んでいなかったか？　何千球ボールを投げた？　何万回バットを振った？　プロ野球選手になれたからと慢心していなかったか？　カッコつけて派手な生活に酔いしれていなかったか？……その結果、クビになったのであれば、それはもう自業自得と言うしかない。

こうした番組に出るような選手は、おそらくどこか思い当たるだろう。

本当に自分に向き合って、自分を追い込んできた選手だったら、そもそもトライアウトには参加しないはずだ。「これだけ頑張っても、成績が上がらなかった。これ以上は無理だ。クビになるのも仕方ない……」と、自分で潮時がわかるものだ。

中途半端にしかやってこなかった選手は、頭の中で「まだいけるかもしれない」と勘違いする。だから、トライアウトに参加する。

選手たちよ、「まだいける」と思う余地がなくなるくらい、練習をしなさい。自分を追い込みなさい。トライアウトを受けることは、恥をさらすことだと気づきなさい。

テレビ局も、中途半端な生き様しかできなかった選手たちの物語を垂れ流しすることで、子どもたちに教育上よくない影響を与えていることを知るべきだ。こんな番組を放送するぐらいなら、地上波のゴールデンタイムでもっと試合を中継したほうがよい。

野球は金儲けのチャンスだ！

かといって、俺が血も涙もない人間だと思われては困る。

プロに入れるのは、ほんのひと握り。東大合格より、確率は低い。ほとんどの選手が、途中でドロップアウトしていく。心から野球を愛していて、どうしても野球を続けたいのに、プロへの道が閉ざされた時点で野球をやめざるをえなくなる。それではあまりに悲しいし、競技人口の裾野も狭まってしまう。

2005年。さまざまな事情から現役続行を断念せざるをえなかった選手たちを集め、「サムライ・ベアーズ」が結成された。俺が旗振り役になり、選手を集め、アメリカの独立リーグ「ゴールデンベースボールリーグ」で初の日本人チームとして闘った。現在、ワールド・ベースボール・クラシック（WBC）などを目指す日本代表チームを「侍ジャパン」と呼んでいるが「侍」はベアーズが元祖である。

翌年にはクラブチーム、「京都ファイアーバーズ」を立ち上げ、監督に就任した。クラブチーム選抜メンバーで「Clubチャレンジニッポン！」を結成し、やはりアメリカ遠征を実現させた。

07年4月、タイ代表チームの総監督を引き受けた。ホンダなど日本企業の現地法人に寄付していただき、タイ人選手を支えることにした。もちろん俺は手弁当。マイレージをやり繰りして旅費を捻出し、日本とタイを往復した。

そこで直面した現実は、日本では考えられないものだった。本来は涼しくなる夜間に練習をしたいのだが、照明灯めがけて虫が大量に飛びついてきて練習にならない。仕方なく、炎天下、汗だくになってやるしかない。

日本ではあまり知られていないが、東南アジアでは「東南アジア競技大会」(通称SEA GAMES＝シー・ゲームス)というイベントが2年に一度開催される。そこに野球も含まれており、各国がしのぎを削る。選手には多大な報奨金が出るからだ。

だが、この大会で優勝した野球のタイ代表選手たちは報奨金をもらってどうしたか？

彼らは野球をやめてしまうのである。報奨金で原付オートバイの「スーパーカブ」を買い、家業に専念するのだ。せっかくうまくなった選手が、すぐにいなくなってしまう。

野球はまだまだ世界に根づいていない。国それぞれの事情を考えずに「世界に広めよう」というお題目を唱えたり、WBCを、さもサッカーのワールドカップのようなイベントであるかのように報じるのは、まったく現実を見ていない。

むしろ「野球は金儲けのチャンスだ！」と、ホンネ丸出しで勝負したほうが、はるかに野球の普及と選手の定着につながるのではないだろうか。

「科学的トレーニング」の勘違い

「死ぬほど練習しました」という選手がめっきり少なくなった背景には、「科学的トレーニング」の功罪がある。

ちょっと痛い。違和感がある。それだけで、トレーニング・コーチやトレーナーがあわてて飛んできて、練習を制止する。勝手に歯止めをかけてしまうのだ。

しかし、本当に選手が成長するのは、むしろこうした時なのだ。

俺の現役時代、キャンプのブルペンでは「限界を超えたときの感覚」こそ、大事にしていた。150球、160球くらいまでは、確かにしんどい。そこを我慢して、170球、180球と投げると、不思議と体が軽くなり、腕が振れるようになるのだ。

「もう限界だ」というとき、自然と力が抜けるようになる。フッと体の力を抜くと、目一杯、投げていたときより、いいボールがいくようになる。そこから、ピッチングのコツを体得していったのだ。

これは俺だけではない。周囲を見渡しても、何年か続けて好成績をあげていった者は、そうした調整の仕方をしていた。

もっと単純に考えてもいい。１００勝以上しようと思ったら、１００勝できる分の投げ込み量を超えていかないと、１００勝には届かない。そういうものだ。

今はどうか。たまたま15勝できたピッチャーは、翌年からそれ以上、投げ込みをやらなくなる。だから成績が伸びない。持続しない。ガクンと落ちる。

また、体育大学などで科学的トレーニングを学んだ人間が、育成経験もないのに小理屈をこいて、「投げ込みはよくない」「肩は消耗品だ」「肘が壊れる」などとストップをかける。楽な方、楽な方へと導いてしまう。だが、そうした人間は、自分自身が投げ込みを体験していない。プロ野球の歴史が証明していることを、なぜ否定するのか。

かつて俺のまわりには、投げ込みで壊れた者などいなかった。故障の原因のほとんどは、練習不足と不摂生だ。これに尽きる。そこを見誤ってはいけない。

シーズンオフに、ニッポン放送のイベントで巨人の菅野智之投手と対談したときのこと。

彼は「年間２００イニング」は未体験だと言い、これを翌年の目標に掲げた（２０１８

年も言ってるが！）。

俺は唖然として、思わずこう言ってしまった。

「それはいいことだ。でも私は、6年連続で200イニング、投げていたけどね……」

俺は8年連続で2ケタ勝利。6年連続200イニング。しかも当時、投手10傑の上位には、300イニング以上のピッチャーがゴロゴロいた。200イニングぐらいで威張っていては恥ずかしいぐらいの世界だった。それも当時は年間130試合制で、現在（年間143試合）よりも少ない中での話だ。

勝つまで投げさせられた。それ以前に、勝つまで投げたかった。試合の途中でマウンドを降りることは、最大の屈辱だった。

今、それを言うと「古くさい」で片付けられる。

先発ピッチャーは100球がメド。6回あたりから「そろそろ代えてくれませんか……」といわんばかりの表情で、ベンチをチラチラ見る。中継ぎ陣とクローザーが抑えてくれて、ハイ勝ち投手、ごっつぁんです。これでは200イニングなど到底無理だろう。

「細く、長く」がエラいのか？

投手の肩に負担をかけないためだとして、「投手分業制」が定着している。だが、昔はできたことが、今はできないと思い込んでいるだけではないか。

昔に比べれば、移動の手段や食事面など、選手の待遇は格段によくなった。それにあわせてトレーニング法も進歩しているという。

それなら、なぜ昔のように投げられないのか？

年間20勝ピッチャーがゴロゴロ生まれ、「中2日で完投して、また中2日で先発します」「年間350イニングは超えます」というピッチャーが現れる……そうなれば、科学的トレーニングは素晴らしいと誰もが認めるだろう。

しかし現実は、先発は100球前後、1週間に一度しか投げず、年間200イニングにも届かない。これを「後退」と言わずしてなんと言うのだろう。

最近では、元中日の山本昌が50歳まで現役を続けて「丈夫で長持ち」「中年の星」などと称賛された。通算219勝は立派ではあるが、32年間投げて、完投数は79。俺は11年間投げて通算113勝、完投数が78。たった1つしか変わらない。その程度でいいのなら、俺も50歳まで投げられたかもしれない。年間5勝ぐらいの細々とした成績でも球団が残してくれるのであれば、十分に可能だ。もっとも俺の性格からして、そんな野球人生はまっぴらごめんだけれども。

昔はみな、7イニング投げての勝ち投手と、9イニングを完投しての白星とでは、価値が違うと思っていた。5イニングそこそこで交代して、勝ち投手になり、ヒーローインタビューでお立ち台に上がろうものなら、「この恥知らず！」と、蔑まれていたはずだ。

球団フロントも厳しかった。2ケタ勝利をマークしていたピッチャーが年間5勝程度に落ち込んで、それが2、3年続こうものなら「ハイお疲れ」と、あっさりクビだった。

プロ野球は勝負事だという原点を忘れてはいけない。勝てなくなった投手は、若手が入るべき登録枠に、いつまでも居座らない。いさぎよく後進に道を譲る。それこそがプロの美学というものだろう。

高齢選手の「長持ち」の裏には、すべてに甘くなりすぎた球界の現実が隠れていることを、見過ごしてはいけない。

メンタルは練習でしか鍛えられない

科学的トレーニングの普及と並んで腑に落ちないのが、「メンタル・トレーニング」だ。「メンタル・トレーニングを取り入れれば、練習をしなくても、力を発揮できる……」

勘違いしてないか？　強くなるには、まず練習。その根本を忘れてはいけない。そして、メンタルを鍛えるには、何が有効か。これも結局、練習なんだ。スポーツとは「我慢」することだ。トレーニングほど単調でつまらないものはない。ランニング50本、ダッシュ30本と、黙々と走らされる。3時間もやらされると、誰でも嫌になる。孤独に耐えなければならない。サボりたい自分、投げ出したい自分に打ち克たなければならない。そうした単調な基本の積み重ねができるかどうかが、勝負の分かれ目になるのだ。

また、われわれの時代は、アマチュアのときから「練習中に水を飲むな」と、たたき込まれていた。いま考えれば、これも絶好のメンタル・トレーニングだった。渇きに耐え続けることこそ、メンタル強化の最善の道ではなかったか。

俺たちは、水を飲むとむしろバテてしまうことを、体験的に知っていた。そう指摘すると「古い根性論」と揶揄する人がいるが、これは俺たちが自分の体で実際に覚えたことだ。水は決して、スタミナ源ではない。

もっとも、いくら「水を飲むな」といわれても、死ぬほど喉が渇いたときは、どんな手を使ってでも、飲んでいた。ボールを探しに行くふりをして、田んぼで水をすすったり、畑で果物をかじっていたものだ。死にそうになれば誰だって、水分を摂る。重要なのは、そこに至るまでの我慢の重要性だ。

それが今では練習どころか試合中にもこまめに水分を補給する。先発ピッチャーは、1イニング投げてベンチに戻るたびに、ドリンクをグビッとやる。冷房のきいたドーム球場で、はたして脱水症状になるだろうか？

野球選手よ、サラリーマンになるな！

科学的トレーニング、メンタル・トレーニング……球界にはびこる勘違いの数々は、選手が持っている能力を、引き出させない方向に働いてしまっている。チマチマしたゲーム、プレーばかりになって、「こいつは凄い！」と満天下をうならせる、プロフェッショナルとしての醍醐味が、どんどん消えていく。

たった5回で勝ち投手になり、お立ち台で大歓声を浴びる。ノックアウトされてベンチにすごすご戻ってきても、温かい拍手をもらえる。観戦する側の勘違いも、球界のためにはならない。

国鉄と巨人で通算400勝をマークした金田正一さんには、ありがたいことに年に数回、食事に招いていただく。今の球界のだらしなさについて、金田さんはほとんど俺と同じ意見だ。そんな話で盛り上がった後、金田さんはふと我にかえって、こう言う。

「ところで、１００勝そこそこのピッチャーだったお前が、４００勝のワシと同じ席にいるのは、おかしくないか⁉」

金田さんに招待されたんですよ……と言いたくなるが、ごもっとも。

「恐縮です。私もいつも、そう思っています」素直に、そう答えられる。４００勝という記録はあまりに偉大すぎて、グウの音も出ない。

大谷翔平は〝二刀流〟とやらで遊んでいたが、年間15勝したのはたったの１シーズンしかない。年間１００安打も１シーズンきりだ。

そんな姿勢でメジャーに行っても、いったい何勝できるのか。何本、ホームランを打てるのか。どちらかに専念しない限り、中途半端な記録しか残せないことは明白だ。日本ではもてはやしてくれるメディアやファンがいたかもしれないが、メジャーは厳しい。結果を残せない選手には冷酷だ。

もしかしたら、今のプロ野球選手はサラリーマン化してしまっているのではないか？

「２００勝もするヤツはバカだ。細々とでも現役にしがみつき、何年も給料をもらい続ける方が、よっぽどトクだ。そうやって100勝そこそこの成績でも、家が2、3軒建つ」……そうしたセコいそろばん勘定をしているのではないか？　それではファンも夢を持てなくなってしまう。

球界では二言目には「子どもに夢を」と唱えている。俺自身、長嶋さんや王さんのような選手にあこがれて野球を始めただけに、まさにそのとおりだと思う。

しかし、現状の球界は子どもが夢を持てるような状況には程遠い。強烈な個性をもったヒーローが、次から次へと出現するようでなければ、球界の未来は暗くなる一方だ。

高校野球、社会人野球からプロに至るまで、俺は野球の世界の表と裏を見続けてきた。そんな選手も、もうこれから先は出ないだろう。だからこそ、言いたいことを言わせてもらった。

これからも、信念を曲げるつもりはない。

おわりに　がんが教えてくれたこと

２０１７年、がんになったことで、生活や考え方にかなり変化がありました。

それまでの人生70年、ほとんど病気らしい病気もせず、体力まかせで生きてきました。体調面での懸念といえば、10年ほど前から血糖値が高く、その数値を下げることと合併症にならないように気をつけていたぐらいのもの。四万十川の川遊びと野球で鍛えた身体には自信を持っていました。

しかし、16年冬あたりから、胃の調子の悪さを自覚するようになったのです。それでも当初は、市販の胃薬でごまかせる程度のものでした。

「これはおかしい」と思ったのは17年春。テレビ番組で、ギャル曽根と大食い対決をしたときです。特大のエビ天と、蕎麦の特盛り。無理して食べたところ、ウッと胃から突き上げるような痛みを感じ、翌日からは空腹時に胃が痛みはじめました。腹が減ると痛み、食べれば治まる……その繰り返し。

もしやと思い、胃の精密検査を受けたところ、胃がんと判明。ただちに全摘出が決まり、同年6月下旬に手術となったわけです。

幸い、がんの転移はみられず、手術から2カ月後の8月末には仕事を再開しました。「もう現場復帰しているんですか?」と、担当医に驚かれたくらいです。今では治療も無事に終了し、体調はすこぶる良好。プロ野球キャンプの長期取材もこなし、約2週間のアメリカ出張にも行くことができました。

18年1月、星野仙一さんがすい臓がんで亡くなりました。享年70。

星野さんとは17年11月28日、星野さんの「野球殿堂入り」を祝う会でお会いし、お互いの病気の話をしたのが最後です。

投手は職業柄、絶対に人前では弱音を吐かない強がりだけのナルシストです。

星野さんも私も、そんな典型的なピッチャー気質の性格ゆえ、病気のことを他人に話すのは、とてもイヤでした。しかし内心は苦しいに決まっています。星野さんは、さぞかし自分もがんで苦しかっただろうに、わざわざ私の体調を気づかってくれました。それがまさか、こんなに早く会えなくなってしまうとは、予想外のショックです。私は奇しくも星野さんと同い年で、同じくがんという病気と闘っていますが、私の方がもう少し長生きさせてもらえそうです。

しかし明日のことはわかりません。

17年秋の叙勲で、私は旭日中綬章を受賞しました。そして18年1月29日、記念の祝賀会を開いていただきましたが、その日取りを決めるのに、ある知人から「その日では遅いんじゃない？」と言われました。がんという病気はそれほど怖いものだと言いたかったのかもしれませんが……それにしても「バカヤロー！」ですね！

私にとっての古希は、「がん」と「受勲」という明暗のコントラストがくっきり分かれた年でした。

面白かったのは、この2つの出来事を知った友人、知人の反応です。

両方とも心から心配して（喜んで）くれた人、お愛想に心配して（喜んで）くれた人、無視する人、あきらかに喜ばない（むしろ私の病気について内心妙な喜びを持つ）人……。

これも良い人間観察の修業の場にはなりました。同時に、自分自身もかつては同じような反応をしていなかったか、さもしい根性を見透かされてはいなかったかと、みずからを顧みる機会にもなりました。

そのように考えれば、がんになったことはけっして無駄ではなかったという境地に思い至ります。

いずれにせよ、がんという病気は、運を天に任せ、今日明日をドクターに任せるしかありません。

自分自身は人生を「達観」していると思います。どうせ、風の向くまま、気の向くまま、生きてきた私です。この先何があろうとも、もう動じることはないでしょう。

しかし、この病に対抗するには人生を悔いていては勝てません。あるのは「食い」のみです。とにかく、うまいものをたくさん食べて、力をつけて、肉体を元に戻すしかありません。胃を全摘したにもかかわらず、あまりにもよく食べるので、周囲の人はびっくりしています。胃のない内臓に、食事で栄養を送り込むのが、私に出来るほとんど唯一の楽しみなのです。

人生を終わりまでとことん楽しもうと、元気なうちにいろいろと計画を立てています。食べるだけではなく、体の動くうちは旅行なども楽しみながら、愛車のハーレーダビッドソンを駆って走り回りたいと思っています。今も大好きなアリゾナの地でキャンプ取材の合間に原稿をチェックしながらこの文章を書いています。

そして、やがて本当に死ぬときが来るでしょう。そのとき最大の楽しみは、あの世へ行けば両親や友人、知人を含め、私より先に逝った方々に再会できるということです。

もっとも、私がそう言うと「そうかなぁ、本当に会えるのか？」と本気で心配するジョークのきかないヤツもいますが。

野球バカは、もうすこし浮世で暴れるつもりです。

今しばらく、皆さんお付き合い下さい。


2018年3月、アリゾナの砂漠を眺めながら

江本　孟紀

江本孟紀（えもと　たけのり）
野球評論家。1947年高知県生まれ。高知商業高校のエースとしてセンバツ出場を決めるが、部員の不祥事で出場辞退。法政大学に進学し、東京六大学野球でも活躍するが、最後のシーズンは出場機会なし。熊谷組に入り、社会人野球で登板。71年、ドラフト外で東映フライヤーズ入団。同年末、野村克也率いる南海ホークスにトレード。翌72年には背番号と同じ16勝をマーク。以降、2桁勝利を積み重ね、エースの地位を磐石にする。75年オフ、阪神タイガースにトレード。同球団でも好成績をおさめていたが、「ベンチがアホやから野球がでけへん」と発言したと報道されたことをきっかけに、自主退団。以後、野球評論家として活動する一方、映画、ドラマ、ミュージカルなどに出演。歌唱力の高さと美声でも名を馳せた。92年から参議院議員（2期11年半）を務め、スポーツ振興に尽力。2017年、旭日中綬章受章。

文春新書

1167

野球《やきゅう》バカは死《し》なず

2018年(平成30年)4月20日　第1刷発行

著　者　江本孟紀
発行者　鈴木洋嗣
発行所　株式会社 文藝春秋

〒102-8008　東京都千代田区紀尾井町3-23
電話（03）3265-1211（代表）

印刷所　理想社
付物印刷　大日本印刷
製本所　大口製本

定価はカバーに表示してあります。
万一、落丁・乱丁の場合は小社製作部宛お送り下さい。
送料小社負担でお取替え致します。

ISBN978-4-16-661167-6

文春新書好評既刊

二宮清純
プロ野球「衝撃の昭和史」
江夏の二十一球、長嶋天覧ホームランの後日談、沢村栄治の意外な夫婦関係——初めて明かされる十編の球界秘話！
881

井上智洋
人工知能と経済の未来
2030年雇用大崩壊
2030年、人工知能は人間並みの能力を獲得する？ AI技術と資本主義の未来を緻密に分析し、失業者たちを救う社会保障を提言する
1091

岩波 明
発達障害
『逃げ恥』の津崎、『風立ちぬ』の堀越、そしてあの人はなぜ「他人の気持ちがわからない」のか？ 第一人者が症例と対策を講義する
1123

中野信子
サイコパス
クールに犯罪を遂行し、しかも罪悪感はゼロ。そんな「あの人」の脳には隠された秘密があった。最新の脳科学が解き明かす禁断の事実
1094

米山伸郎
知立国家 イスラエル
軍事が生み出す驚異の最先端テクノロジー、ダントツの博士号取得者数とノーベル賞受賞者数。「知」に特化した最強国家の真実に迫る
1143

文藝春秋刊